잘되는 사람은 무엇이 다른가

잘되는 사람은 무엇이 다른가

1판 1쇄 인쇄 2019년 7월 5일
1판 1쇄 발행 2019년 7월 10일

지은이 코치 알버트, 유대호, 김진겸
펴낸이 이윤규

펴낸곳 유아이북스
출판등록 2012년 4월 2일
주소 서울시 용산구 효창원로 64길 6
전화 (02) 704-2521
팩스 (02) 715-3536
이메일 uibooks@uibooks.co.kr

ISBN 979-11-6322-017-6 03190
값 13,800원

- 이 도서의 국립중앙도서관 출판예정도서목록(CIP)은 서지정보유통지원시스템 홈페이지 (http://seoji.nl.go.kr)와 국가자료종합목록 구축시스템(http://kolis-net.nl.go.kr) 에서 이용하실 수 있습니다. (CIP제어번호: CIP2019023231)

소확행 말고 빽배말하라

잘되는 사람은 무엇이 다른가

코치 알버트, 유대호, 김진겸 지음

유아이북스
For The Ultimate Information

요즘 젊은 세대가
행복하지 않은 이유

이야기를 시작하기에 앞서 내가 사용하는 단어의 의미를 명확히 하고자 한다.

'행복하다'란 것은 '문제가 없다' 혹은 '고통스럽지 않다'라는 의미가 아니다. 인생을 살아가는 과정에서 의미를 느끼거나 성취감이나 충만한 감정을 경험하는 것을 말한다. 과학자들에 의하면 직업적·개인적 성취, 안정감이 느껴지는 관계, 추구해야 할 삶의 의미나 미션 등이 이러한 행복 경험을 만들어준다.

얼마 전에 인터넷에서 이런 글을 보았다.

'요새는 우리 때와 다르게 인터넷 속도도 빠르고, TV에서 재미난 것도 많이 한다. 즐길 만한 노래나 게임도 많고, 각종 첨단 기술도 엄청나게 발달했는데 10대, 20대들은 행복하지 않다고 한다. 고마움을 너무 모르는 것 같다.'

이 글에 달린 댓글에 찬반양론이 격렬했는데 나는 저 글에 담긴 논리 자체가 틀렸다고 본다. 왜냐면 SNS, 게임, 드라마 등은 인생을 행복하게 만드는 도구라기보다는 고통을 잊게 하는 장치이기 때문이다. 고통을 줄이는 수단이 많아진다고 행복해지지는 않는다. 마치 마취제와 진통제를 여러 개 가지고 있다고 해서 건강해지지 않는 것처럼 말이다. 요즘 젊은 사람들이 고마움을 모르기 때문에 행복하지 않다고 말한다는 논리도 그런 의미에서 틀렸다고 할 수 있다. 공감을 얻는 반대 의견에는 이러한 것이 있었다.

'기성세대는 젊은 시절에 현재보다 행복감을 느끼기에 좋은 환경에 있었기 때문에 그런 말을 할 수 있는 것이다'라고 말이다. 어느 정도는 공감하지만 여전히 논리가 틀렸다고 본다. 세상에 가만히 있는 데 저절로 주어지는 행복은 없다. 모종의 자기주도적이고 적극적인 행동이 있어야지만 행복을 얻을 수 있다. 행복의 핵심적 구성요소 중 하나가 성취감이기 때문이다.

기성세대는 적극적으로 행복을 성취하는 데 성공했고, 젊은 세대가 그러지 못하는 이유는 일부 기성세대의 주장대로 젊은 친구들이 고마움을 모르고, 게으르기 때문일까? 단연코 아니다. 지금 한국은 짙은 집단 무기력증, 집단 우울증의 공기에 둘러싸여 있다.

우리가 이러한 상황을 이해하기 위해선 동물이 이러한 무기력 상태에 빠지는 원리를 이해해야 한다. 어느 정도 인지적 기능을 갖춘 동물, 예를 들어 개라고 해 보자.

특정 공간에서 빠져나가려는 시도를 전기 충격으로 몇 번 좌절시키면 나중엔 전기 충격에 의해 괴로워하지만 '아무것도 못하겠다'는 무기력한 상태에 빠진다. 이를 '학습된 무기력'이라 한다. 이것은 인간이 겪는 우울증적 상태와 매우 유사하다. 어떤 학자들은 같은 것이라고 보기도 한다.

만약 전기 충격을 받는 개에게 이 고통을 잠시 잊을 수 있는 무언가를 제시한다면, 내가 장담컨대 그 개는 그 자극에 중독이 될 것이다. 사람도 그렇다. 가끔 소소하게나마 행복감을 느끼지만 바깥 현실은 시궁창이다. 만성적으로 학습된 무기력과 우울감의 상태가 지금 한국에 집단적 분위기로서 작용하고 있다.

그 이유는 간단하다.

행복을 얻으려는 시도가 번번이 좌절되었기 때문이다. 왜일까? 금리가 낮아져서? 일자리가 없어서? 아니다. '행복을 성취할 수 있는 전략'이 없기 때문이다. 대부분의 과거 인류들은 이런 전략을 부모나 기성세대에게 교육받는다. 기성세대는 운 좋게도 안정적인 행복성취전략을 수행하기만 하면 어느 정도의 행복이 보장되는 환경에서 생을 보냈다. 부모 말 잘 들어 공부 열심히 해서 좋은 곳에 취직하면 좋은 사람 만나 결혼해서 애를 낳고 행복한 삶을 살게 된다는 공식이 어느 정도 통했다. 노력은 필요하지만, 지금 시대와 비교해 보면 안정적이면서 성공률이 높은 결과가 보장된 전략이었다.

요즘은 어떤가? 4년제 대졸자 중에 취업을 못한 사람이 43만 명이

라고 한다. 공부 열심히 하라는 부모 말을 잘 듣는다고 미래에 성공이
나 행복감이 보장되지 않는다는 얘기다.

　무수한 실패를 경험하면 대안이 없는 상태가 된다. 어쩔 수 없이 반
복하는 시도는 계속해서 좌절되고, 어떻게 해야 할지 모르는 혼란 상
태에 빠지는 것이다. 이렇게 되면 무기력함과 우울감만 남는다. 소확
행, 즉 '소소하지만 확실한 행복'이란 이름의 진통제에 중독되기 쉬운
상태에 빠지는 것이다. 그러면 어쩌라는 건가? 내가 제시할 수 있는
답은 새로운 행복의 성취전략을 얻어야 한다는 것이다. 물론 모든 게
빠르게 변하는 세상에서 기성품처럼 딱 맞는 하나의 전략은 찾기 힘
들게 되었다. 현실적으로 내가 제시하는 답은 다음과 같다.
　'특정한 하나의 전략을 잘 수행하는 인간이 아니라, 어떤 환경에서
든지 적응할 수 있는 유능한 인간이 되라'는 것이다. 어디에서나 통하
는 능력을 키우면서 지금보다 더 나은 인간이 되기 위해 노력해야 한
다. 이를 위해선 자신의 목표달성능력을 갈고닦고, 학습능력을 키우면
서 커뮤니케이션 능력을 배양해야 한다. 그러면 그러한 뛰어난 기초적
인 인간력이 새로운 길을 열어줄 것이다. 오직 당신에게만 적용할 수
있는 맞춤형 행복성취전략이 여기에서 나올 수 있다. 바로 이것이 내
가 제안하는 우울함에서 벗어나 진정한 행복을 손에 넣는 방법이다.

　하나의 정답이 통하지 않는 사회이기에 자신만의 정답을 만들어 낼
수 있다. '내가 될 수 있는 사람 중 상위 1퍼센트'의 내가 되는 여정을

당장 시작하라. 다른 사람과 나를 비교하며 자책하지 말라.

대신 '지난 달의 나보다 나아지지 못한 나'를 보게 되는 일을 피하라.

이 불안한 시대를 헤쳐 나가는 유일한 길은 어제의 나보다 좀 더 나은 사람이 되어가는 방향뿐이다. 그 길에서 당신은 다른 누구의 것도 아닌 당신의 진짜 행복을 성취하는 전략을 만들게 될 것이다. 이전 세대들과 비교해 요즘 젊은 세대가 갖춘 게 있다. 그것은 아직 세계의 그 누구도 그 전모를 알지 못하는 여러 가지 행복한 삶의 가능성이다.

나는 당신이 그러한 가능성을 현실화할 수 있는 인간이 되길 바란다. 주어진 업무를 묵묵히 수행하는 것과 같은 순응적 유능성은 지난 세대의 미덕이다. 이번 세대의 미덕은 하나의 정해진 황금공식을 부정하고, 자신만의 행복의 공식을 만들어 낼 수 있는 고유한 인간이 되는 인간적인 유능성 또는 창조적 유능성일 것이다. 나는 이러한 종류의 유능성이 이 시대의 행복으로의 길이라고 믿는다.

저자들을 대표해 코치 알버트 씀

CONTENTS

PART 3 배 : 배워야 결국 살아남는다

PART 4 말 : 당신의 가치를 드러내라

PART 1

세 저자로부터의
초대

'소확행' 말고
'빡배말'을 하라

빡배말 [bbak; bae ;mal]

[명사]

1. 빡세게 배우고 말하기의 준말

2. 빡세게 배우고 말하는 것을 주로 하는 라이프 스타일

독자 여러분 이렇게 만나게 되어 정말 기쁘다. 나는 코치 알버트라고 한다. 나는 수년간 자기계발 코치로서 사람들이 보다 성공적이고 행복한 삶을 살도록 도와왔다. 자기계발을 주제로 구독자가 10만 명이 넘는 유튜브 채널도 운영하는 크리에이터이기도 하다. 지금은 일하고 싶을 때 일하고 하고 싶은 일만 하면서 산다.

1인 사업을 하고 있기 때문에 누구의 간섭도 받지 않으며 같이 일하기 싫은 사람과 일하는 일도 없다. 분기별로 한 달을 통째로 휴가를 내서 여행을 떠나 독서의 시간을 갖기도 한다. 분위기에 휩쓸려 대기

업 사원이나 공무원만 꿈꾸는 주위 사람들을 보면 안타까울 뿐이다.

내 수업을 듣던 학생 중에 말만 하면 누구나 알아주는 대기업에 다니던 이가 있었다. 그는 어느 날 술자리에서 나에게 "선생님, 사람들은 저보고 부럽다고 하는데 전 선생님 삶이야말로 제가 원하는 삶인 것 같습니다"라고 말했다. 그때 행복한 삶을 알려야겠다는 생각이 들었다. '무엇을 해야 즐겁고 행복하게 사는 걸까?', '왜 많은 사람들이 그렇지 못할까?'라는 의문이 들었고, 연구와 조사와 여러 경험 끝에 몇 가지 답을 찾았다. 그 답들은 이 책에서 충분히 다루고 있으니 지금은 맛보기만 제시하겠다.

가장 먼저 사람들은 '지금 시대에 통하는 기술을 가지고 있지 못하기 때문에' 하고 싶지 않은 일을 하며 하루 하루 버티는 삶을 살고있다. 그러면 '지금 시대에 통하는 기술'이란 무엇인가? 정해진 업무를 그저 묵묵히 열심히 수행하는 것이 이전 시대에 먹히는 것이었다면, 지금 시대에는 급변하는 상황에 맞추어 자신을 끊임없이 혁신하고, 빠르게 적응하고, 변화에 뒤처지는 것이 아닌 변화를 활용하는 기술이 필요하다. 그러기 위해서는 특정한 업무지식과 기술이 아닌, 인간으로서 가진 일반적 문제해결능력과 목표달성능력이 필요하다. 이러한 능력은 크게 세 가지 하위능력으로 구성된다.

첫 번째로 자신의 생산성을 관리하는 능력이다. 이것을 의지력, 동기부여, 자기관리, 성실함 등 어떤 단어로 표현하건 상관없이 자신의 생산성을 높게 유지하는 것은 중요한 일이다. 이것을 자기주도적으로 할 수 있는 것이 지금 시대에 필요한 기술이다.

두 번째로는 높은 학습능력이다. 잘 배우는 것. 얼마나 매혹적으로 느껴지는 단어인가. 하지만 대부분의 사람들이 학습은 머리나 재능을 타고나야 한다고 생각한다. 이것은 잘못된 생각이다. 학습능력은 배울 수 있고 훈련 가능한 능력이다. 지금 시대에 원하는 일을 하며 행복하게 살기 위해선 학습능력이 정말 중요하다.

세 번째로 영향력의 기술이다. 당신 머릿속에 있는 아이디어로 타인에게 영향을 미치는 능력이 지금처럼 도움되는 때도 없다. 타인의 마음과 감정에 영향을 주는 말하기 방법은 영향력을 극대화해준다. 그리고 위의 두 가지 기술과 합쳐지면 시너지 효과를 낼 수 있다. 나는 사람들의 삶이 성공적이고 행복해졌으면 한다. 그리고 그를 위한 방법은 자신 속에 잠재되어 있는 보다 나은 자신을 꺼내는 것이 최고의 방법이라고 믿는다.

이 세 가지 기술은 자신 안에 숨어있던 잠재력을 꺼내서 사용하는 열쇠인 셈이다. 이것들을 잘하는 사람은 단순히 일을 잘하는 사람이 아니다. 로봇이나 컴퓨터로서는 할 수 없는 이른바 '인간적 유능성'이 높은 사람인 것이다.

이 책은 전문성을 유지하기 위해 의지력의 기술을 다룰 유 코치와 학습기술을 다룰 겸 코치와 공동 집필하였다.

이렇게 세 명의 저자가 한 개의 장마다 자신의 핵심기술을 상세히 설명했으니 당신의 삶을 변화시킬 준비를 하고 이 책을 읽어 나가길 바란다. 2부에서는 유 코치가 의지력의 핵심기술을 다루고 3부에서는 겸 코치가 학습능력에 관해 설명한다. 4부에서는 내가 주변에 영향력을 미치는 방법에 관해 썼으니 이 세 가지 방법을 익히면 분명 당신도 원하는 삶을 살 기회를 잡을 수 있을 것이다. 아니, 당신이 원한다고 생각조차 못했던 삶의 기회가 펼쳐질 것이다.

당장 회사를 그만 두려는 당신에게

아침에 일어나자마자 제일 먼저 '죽고 싶다'는 생각을 한다. 이렇게 사는 것이 진짜 사는 것이 맞는지 끝없이 스스로 되물어 보지만 답은 '죽고 싶다'로 귀결된다. 평범한 직장인이었던 나, 유 코치가 보통 직장인으로 살아가던 때는 하루하루가 악몽이었다.

'이제 진짜 회사를 그만둬야지'하는 생각은 하루에도 몇 번씩 울컥하고 올라왔다. 하지만 수많은 매체에서 취업난을 보도하고 매년 늘어나는 실업자 수를 보면서 직장인임을 감사하라는 무언의 압박을 받는 느낌이었다. 회사를 벗어나도 딱히 길이 있을 거 같진 않았고, 매달 어디 썼는지도 모르는 카드 대금 청구서를 감당할 자신은 없었다.

그날도 지옥철을 올라타 출근하자마자 전날 하다가 지쳐 그만둔 일을 시작했었다. 하루가 어떻게 갔는지 모르게 정신없는 하루를 보냈지만 남은건 야근과 밀려있는 업무뿐이었다. 퇴근 후 생각나는 건 잠시나마 긴장감을 놓게 도와주는 술이다. 술 한 잔으로 가볍게 나를 위로 하고 집에 들어갔다.

다음날 새벽에 출근하기 위해 일어나서 생각했다. 죽고 싶다. 어제인지 오늘인지 구분이 안가는 똑같은 하루를 다시 시작했다. 상사에게 욕을 먹거나 업무 과중에 시달릴 때 잠시 담배를 피우면서 내가 원했던 삶은 이런 것이 아닌거 같다는 생각을 했다. 하지만 진지하게 직장인의 굴레를 벗어나는 생각을 할 여유는 없었다. 매번 답이 없는 고민을 하는 것보다 닥친 업무를 열심히 하는 편이 더 효율적인 것 같았다. 그렇게 또 1년을 보냈다.

평범한 직장인이었던 나의 일상이었고 대부분의 직장인이 겪고 있는 상황이기도 하다. 사실 직장인만 이런 생각을 하는 것은 아니다. 많은 사람들이 자신이 원하는 삶과 현재의 삶이 크게 차이가 나면서 삶의 의욕을 잃어가고 있다.

내가 원하는 삶을 살아야겠다고 생각한 건 대기업에 입사한 지 7년 차가 되던 해였다. 당시에는 회사가 시키면 뭐든지 할 준비가 되어 있는 성실한 직원이었다. 가족보다 회사 업무를 더 중요하게 생각했고 월급과 진급은 인생 최대 관심사였다. 시키는 일을 잘해서 회사에서 좋은 인사고과를 받아 승진도 빨랐다.

부모님은 아들의 대기업 입사, 높은 연봉, 각종 표창, 빠른 승진 등을 주변 사람들에게 은근슬쩍 자랑할 만큼 꽤 괜찮은 아들이었지만 내가 원하는 삶은 아니었다. 원하는 시간에 하고 싶은 것을 하면서 살고 싶었고 매일 가족과 함께 행복한 저녁 시간을 보내고 싶었다.

당시 대기업에서 현장 수당, 주말 근무 수당, 초과 근무 수당까지 받으니 경제적으로 부족함이 없었지만 365일 중 300일 정도를 근무했다. 연간 인당 생산성이 20억 원으로 계산되는 건설 현장에서 맡은 일을 완수하려면 주말 근무는 필수에 가까웠다. 새벽 5시 반에 집에서 나와 밤 12시에 집에 돌아왔다. 위궤양 약은 항상 주머니에 들고 다녔고 아주 가끔 아내와 아들이 깨어있는 모습을 볼 수 있었다.

독박육아를 하던 아내가 우울증으로 힘들어했다. 내가 돈을 더 벌어올수록 가족들이 힘들어하는 아이러니한 상황을 맞이하고 나름대로 옳다고 생각하고 열심히 살아왔던 지난 7년을 후회했다. 그 후 내가 원하는 삶을 살기 위해 시간을 쪼개서 부동산 공부도 해 보고 1인 지식 창업도 준비하려 했지만 체력과 시간의 한계에 부딪혀 2년간 직장인의 늪에서 빠져나올 수 없었다. 하지만 포기할 수 없었다. 나는 사람들이 한계를 인식하고 포기할 때 다시 도전하고 끝내 이뤄낼 수밖에 없는 기술을 알아내고 정리했다. 그 기술을 통해 주체적인 삶을 위한 계획을 꾸준하게 실천했다. 이 기술을 사용한 지 1년 만에 회사에서 독립이 가능한 상태를 만들었고 월급 외 부가 수입은 물론, 회사 밖에서도 살아남을 수 있는 자생 능력을 갖췄다.

나의 경험을 코칭을 통해 많은 사람에게 알리고 그들의 변화를 이끌었다. 작심삼일도 어려운 취준생을 취업에 성공하게 도왔고, 자존감이 떨어지고 우울했던 직장인이 사업가가 되는 과정을 도왔다. 50대에 새로운 인생을 시작하게 돕고 고등학생에게 공부의 재미를 심어주었다. 끊임없이 도전을 가능하게 하고 결국 이루게 하는 '의지력의 기술'을 적용하고부터 사람들의 삶에 변화가 시작되었다.

나는 이 책에서 나의 삶을 바꿔준 핵심기술인 의지력을 올리는 방법을 다뤘다. 더 많은 사람이 생산성을 올리고 삶의 의욕을 높일 수 있길 바란다.

서울대 나온다고
성공한 삶일까

나, 겸 코치는 심리분석가이자 학습 코치이다. 나는 학창시절에는 왜 이렇게 머리가 나쁜지를 매일같이 한탄했다. 하지만 첫 수능시험에서 지방대까지 떨어지면서 어떤 강한 힘이 나를 이끌었다. 결국 그 힘으로 8개월간 독학으로 재수하여 내가 원하는 서울대학교를 갔다. 8개월 만에 전혀 다른 사람으로 바뀔 수 있다는 것을 알게 되었고 그 힘이 궁금해서 사람을 가르치는 교육 분야를 전공했다. 대학교를 졸업하고 대기업에 취업해 교육 분야에서 일했다. 남들이 보기엔 꽤 괜찮은 인생 스토리로 보이지만 내 내면은 전혀 그렇지 않았다.

학창 시절 국내 최고라는 서울대학교를 가면 내 인생은 보장되고 끝나는 것으로 생각했지만, 그것은 미약한 시작점에 불과하다는 것을 알게 되었다. 순간 나에게 명문대학교 타이틀만 빼면 아무것도 아닌 생각이 들었다. 단지 운이 좋았던 것뿐이고 실제로는 아무것도 못하는 머리 나쁜 학생이라고 여겼었다. 이렇게 찾아온 우울감과 무기력한 기분은 자그마치 10년이 넘는 시간 동안 나를 괴롭혔다. 미친 듯이 공부해서 국내 최고 대학에 입학한 경험이 오히려 내 발목을 잡은 것이다.

생계유지를 위해 회사를 취업해서도 마찬가지였다. 스스로 머리 나쁜 서울대 출신 사원이라는 생각을 지우지 못한 상태였기에 능력 발휘도 힘들었고 보람은 더더욱 못 느꼈다.

아침에 일어날 때마다 부정적인 생각이 떠올랐다. 나는 객관적으로 그렇게 나쁜 인생이 아닌 것 같은데 왜 이렇게 안 좋은 생각이 드는지 몰라 힘들었다. 지금 나의 삶과 나라는 존재 사이에 큰 이질감이 느껴졌다. 남의 삶을 억지로 대신 사는 느낌이었다. 하지만 모두가 그럴 거라며 나를 위로했다. 우울장애인지 우울증인지 모를 이 감정을 매일 느낀다는 것이 나를 아주 괴롭게 했다. 심각한 무기력이었다.

잦은 새벽 기상은 죽을 만큼 힘들었지만 살기 위해 회사로 나서야만 했다. 그리고 예측 불가능한 상황에 자주 놓이면서 삶의 주체성을 잃었다. 아니, '잃었다'라는 표현은 맞지 않는 것 같다. 상황만이 문제가 아니라 그것을 대하는 나의 태도가 문제였다. 되돌아보면 이미 잃은 상태를 재확인하고 있었다. 자유로운 삶을 위해 힘들게 대학에 들어가고 취업했지만 나는 심리적 감옥 안에 있었다. 그러면서 점점 나에게 직장은 돈 버는 곳 이상의 의미가 없는 상태가 되어 버렸다.

어렸을 적 나는 무슨 일을 하든 주위 사람을 긍정적으로 변화시키는 사람이 되고 싶었다. 그런데 어쩌다 나 자신조차 제대로 건사하지 못한 인간이 되다니. 이렇게 살 수는 없었다.

재수할 때 경험했던 그 생존 역동을 느껴야겠다고 결심했다. 살기 위해, 내 삶을 찾기 위해 다시 무언가를 해야겠다는 생각이 들었다. 회사라는 틀을 벗어나 야생에서 살아남으려면 나만의 전문성이 필요하다는 판단을 하고 처음으로 내가 선택했던 것은 배우는 일이었다. 내가 한 번 성공해 본 경험이 있는 배움, 학습, 공부를 통해서 그 무언가를 만들어 가기 시작했다. 배운 것을 내면화해 내 것으로 만드는 것, 그것을 통해 차별화된 경쟁력을 갖추는 것이었다.

회사에 다니며 조금이라도 남는 시간은 배움에 몰두했다. 코칭 모임을 통해 더 나은 삶의 기술에 대한 기초부터 배웠다. 매주 배운 것을 정리해서 과제로 올렸는데 이 과정들은 내가 지금 상담을 하는 데 큰 자산이 되었다. 더불어 최면 및 상담기술, 심리서사분석 등 내게 필요한 지식을 익히기 시작했다. 그리고 내 실력이 임계점을 돌파해 차별화된 가치를 확보했다는 것을 알았을 때 예상할 수 없었던 기회들이 찾아왔다. 그리고 이제는 넘지 못할 것 같았던 장애물들을 넘어, 퇴사를 하고 내가 원했던 일을 하고 있다. 지금은 사람들을 긍정적으로 변화시킨다는 처음 내가 원했던 가치를 실현하고 있다. 무엇보다 일하면 일할수록 더 성장한다는 느낌이 좋다. 일과 나 사이에 불일치가 없는 것이다.

내가 원하는 삶을 이루며 생존하기 위해서 가장 필요했던 것은 차별화된 전문성과 유능함이었다. 그것이 나에게 자신감을 만들어 줬다. 그리고 내가 이 세상에서 가치가 있는 존재라는 사실을 일깨워주었다. 확신이 없는 상태에서 스스로 아무리 괜찮다고 외친들 자신도 믿을 수 없을 것이다. 내가 원하는 삶이 있더라도 그것을 이룰 능력이 없으면 그 차이만큼 고통을 받게 된다. 내적 불일치가 생기면 실제로는 해낼 수 있는 일이라도 그것을 추진할 힘이 생기지 않는다. 이러한 불상사를 막고 내가 원하는 유능함을 확보하기 위해 꼭 필요한 핵심기술이 바로 배움이고 학습이다.

이 책 3부에서는 삶을 바꿔준 핵심기술인 학습력을 올리는 방법을 다룬다. 자신의 내면에 있는 잠재력을 극대화하고 실력을 키우기 위해서 필수적인 기술이다. 이것을 누구보다도 잘하기 위해서는 지능보다도 올바른 마음의 구조가 있어야 한다. 우리는 앞으로 이것을 구축하는 시간을 가질 것이다.

PART 2

빡 :
빡세게 살게 하는
의지력의 힘

의지력이 부족한
사람은 없다

사람들에게 나, 유 코치가 의지력 코치라고 소개하면 다들 비슷한 반응을 한다. 마치 나를 기다렸던 사람처럼 반가워하며 손을 내밀며 이렇게 말한다.

"저한테 정말 필요한 거예요!"

"제가 의지력이 부족한데…"

"저에게도 코칭을 해주실 수 있나요?"

그만큼 의지력은 많은 사람이 관심을 가지는 분야이다. 하지만 스스로 의지력을 키울 수 있다고 생각하지는 않는다. 타고난 재능이나 정신력쯤으로 생각해서 처음부터 스스로 의지력이 없다고 생각한다. 작심삼일을 반복하다 보니 관성이 생겨서 목표를 만들지 않고 무기력하게 살아가는 사람도 많다. 매번 실패의 좌절을 느끼며 사는 것보다 수동적이고 무기력한 삶이 오히려 편하다고 생각하는 사람들도 있다. 유년 시절에는 부모님이 시키는 대로, 학창시절에는 선생님이 시키는 대로, 직장인은 상사가 시키는 대로 살아가다 보니 스스로 목표를 세우고 이루는 과정이 어색하게 느껴진다. 어쩌면 삶에서 나의 의지력보다 상사나 엄마의 의지력이 더 필요하게 되었는지 모른다.

책 《왜 나는 항상 결심만 할까?》의 작가 켈리 맥고니걸은 오랜 시간에 걸쳐서 절제력이 부족하고, 잘못된 습관을 버리지 못해 스트레스를 받아 고통스러워하는 사람들을 만났다. 그 사람들의 한 가지 공통점을 발견했는데 이들은 의지력이 특별한 재능이라고 오해를 하고 있었다. 의지력이 특별한 재능이 아니라는 것만 알게 되어도 의지력은 거의 성공한 것이나 다름이 없다. 의지력은 누구나 키우고 강력하게 발휘할 수 있다.

혹시 새해 결심을 기억하는가? 목표의 중요성을 여러 매체에서 이야기하니 새해가 되면 많은 사람이 목표를 세운다. 신기하게도 새해 목표를 세운 것을 보면 마치 로봇이 작성한 것처럼 비슷하다. 인터넷 빅 데이터를 통해 새해 목표를 수집해 보면 금연, 다이어트, 여행, 독서, 저축, 운동 등이 있다. 그중 계획한 바를 행동으로 옮겨 목표를 이루는 경우는 많지 않다.

영국 하트퍼드셔 대학교 연구팀의 연구결과에 따르면 새해 결심을 꾸준히 실천해 목표를 달성하는 경우는 12퍼센트에 불과하다. 그렇다면 그 12퍼센트의 사람들은 특별히 의지력이 강해서 목표를 이룬 것일까? 포기하는 사람들은 동기부여나 의지력이 부족하기 때문일까? 그렇지 않다. 단지 결심을 행동으로 옮기는 의지력의 '기술'을 모르기 때문이다. 의지력의 기술을 터득하면 당신도 12퍼센트의 주인공이 될 수 있다. 과거에 나 역시 새해 목표는 한 달을 유지하기 힘들었다. 새해에 적어놓은 열다섯 가지 정도의 1년 목표는 한 달만 지나도 무엇이었는지 생각도 안 났고 매년 반성 없이 계획만 열심히 세웠다. 하지만 지금은 하루에 열다섯 가지 정도의 목표를 완벽하게 해내고 있다. 물론 의지력에 대해 연구하고 강의하면서 이제는 의지력이 내 삶의 아이콘이 되었지만 그전에는 의지박약의 표본이었다. 의지력은 마이크로소프트의 빌 게이츠나 알리바바 그룹 회장 마윈 정도 되는 사람이 가진 타고난 기질이라고 생각했기 때문에 나와는 상관없는 단어인지 알았다.

나는 합격과 관련한 시험을 보면 늘 예비순위였다. 초등학교 육상대회 출전부터 고등학교 입학, 대학교, 심지어 취업까지 예비순위로 들어갔다. 아주 명확하게 말하자면 늘 꼴찌였다. 사람들은 불합격보다 꼴찌로 합격하는 것이 더 좋다고 했지만 그건 꼴찌를 안해본 사람이 하는 말이다. 누군가에게 꼴찌라는 놀림을 당할까 봐 소심해져야 했고 때로는 기죽지 않으려고 허풍을 떨어야 했다.

고등학교를 예비순위로 들어갔을 당시 나는 머리가 나쁘다고 확신했다. 그래서 남들처럼 벼락치기로 공부하면 절대 꼴찌를 벗어나지 못할 것 같았다. 그래서 생각한 방법이 꾸준함이었다. 나는 꾸준하게 공부하지 않으면 그들을 따라갈 수 없다고 생각했고 매일 공부하는 버릇을 들였다. 내 의지력 근육을 키우기 시작한 시점이 바로 그때였다.

이후로 늘 목표가 생기면 3년, 5년, 10년 뒤를 보고 매일 꾸준히 하는 것이 습관이 되었다. 무엇인가를 꾸준히 하는 일은 처음엔 단지 꼴찌를 벗어나기 위한 발악이었지만 결과적으로 인생의 목표를 이루는 데 꽤 유용한 기술이 되었다. 어쩔 수 없이 선택한 방법들이 내가 원하는 삶을 살도록 이끈 핵심기술인 것이다.

누구든 인생을 바꾸고 싶다고 하면 '빡배말'을 익히라고 할 것이다. 그중에서도 특히 빡세게의 핵심은 의지력이다.

나는 꾸준함의 기술을 사용하면서 대학교에서는 장학금을 4년간 여덟 번을 받을 수 있었고 회사에서는 좋은 인사고과와 빠른 승진을 놓치지 않았다. 물론 재테크에서도 꾸준함은 빛을 발했다. 매일 투자에 대한 관심을 놓지 않고 하루도 빠짐없이 노력한 결과 30대에 어릴적 꿈꾸었던 삶을 살 수 있게 되었다.

꾸준함의 기술은 만년 꼴찌인 나를 인생의 주인공으로 만들었다. 주변 사람들의 요청으로 조금씩 삶의 노하우를 나누다 보니 모든 성공의 핵심기술이 의지력으로 좁혀졌다. 그래서 의지력을 조금 더 심층적으로 공부하고 연구해서 의지력의 기술을 가르치는 사람이 되었다.

의지력은 두 가지로 나누어 볼 수 있다. 먼저 무언가를 꾸준히 하려는 긍정 의지력이 있다. 운동을 하고 저축을 하는 등의 목표를 이루기 위해 무언가를 해야 하는 의지력이다. 두 번째는 하고 있는 것을 절제하거나 멈추는 부정 의지력이다. 금연을 하거나 다이어트를 위해 식사를 줄이는 경우가 이에 해당한다.

사람마다 필요한 의지력이 다를 것이다. 각각 목표가 다 다르기 때문이다. 하지만 공통적인 것은 목표를 이루기 위해서는 의지력이 필요하다는 것이다. 의지력 없이 목표를 이루는 것은 불가능하다.

본능대로 살아간다면 절제와 성취는 내 삶에서 없어지고 무기력한 삶만 될 것이다. 의지력을 강하게 키우게 된다면 무엇이든 이룰 수 있는 자신감이 생길 것이고 주체적인 삶을 살아가게 될 것이다.

주변에 성공한 사람 중 강한 의지력이 없는 사람이 있는지 한번 확인해 보길 바란다. 아마 의지력 없이 성공한 사람은 찾기 어려울 것이다. 세계적인 발레리나 강수진의 발을 보면 사람의 발이라고 할 수 없을 정도로 흉측한 모양이다. 그녀는 발가락이 부러지고 꺾이고 피가 나도 연습을 했다. 비정상적으로 튀어나온 뼈와 뭉개진 발톱은 많은 사람에게 감동을 주었다. 얼마나 연습하고 노력했는지가 그 발에 다 보였기 때문이다. 그녀는 한 동작이 잘 될 때까지 하루에 무려 19시간 연습도 마다하지 않았다. 대체 뼈가 튀어나오는 고통을 감당하면서까지 매일 연습할 수 있게 하는 의지력은 어디에서 나오는 걸까?

강한 의지력은 내가 원하는 목표를 이루는 데 필수 조건이며 결국 성공하게 만드는 핵심기술이다. 강한 정신력이라고 말하지 않고 의지력이라고 말하는 데는 이유가 있다.

첫 번째, 의지력은 근육과 비슷하다. 근육을 단련하면 커지고 힘이 세지듯이 의지력도 단련하면 커질 수 있다. 또한 사람마다 정도는 다르지만 선천적으로 의지력을 가지고 있다. 근육과 마찬가지로 의지력도 훈련하지 않으면 줄어들기도 한다.

두 번째, 몇 가지 세팅만으로도 당장 의지력을 높일 수 있기 때문이다. 앞으로 소개할 의지력의 기술을 익히면 무조건 달라질 것이다.

세 번째, 의지력을 높이기 위해서는 정신 수양은 도움이 되지만 의지력은 행동 기술로 길러지기 때문이다. 거울을 보고 "할 수 있다!"만 외치는 비효율적인 행동은 그만하자. 우리의 뇌를 이해하고 제대로 된 방법으로 의지력을 발휘하면 당신도 강한 의지력을 기를 수 있다.

이쯤 되면 당신도 의지력을 키우고 싶다는 생각이 들지도 모른다. 지금 머릿속에 떠오르는 달성하고 싶은 목표가 있다면 적어 볼 시간이다. 그 목표가 어떤 것이든 상관없다. 지금의 제약적인 환경과 상황을 고려하지 말고 나의 최종 목표를 만들고 적어 볼 필요가 있다. 어쩌면 이 책을 통해 당신이 그 목표를 달성할 기회를 얻을지도 모르니깐 말이다.

다음 장부터 시작되는 의지력의 기술 여섯 가지를 따라오기만 한다면 자신이 원하는 목표에 한 걸음 더 다가갈 수 있을 것이다. 무엇보다 중요한 것은 실천이다. 책에 나오는 실천과제는 다음 장으로 넘어가기 전에 바로 적용해 보길 권한다.

자! 그럼 이번 장을 다 읽고 스스로 강한 의지력으로 성공하는 모습을 상상하며 의지력의 기술을 시작해 보자.

보여야만 한다

수많은 자기계발서에서 강조하고 있는 것은 목표를 보이게 만들라는 것이다. 한때 시크릿 열풍을 불게 했던 책《시크릿》에 나오는 일화를 보면 중동 출신 미국 이민자인 존 아사라프는 성공을 한 뒤 원하는 집을 구매했다. 이사한 후 짐을 정리하면서 5년 전 비전보드를 발견한다. 그가 과거에 사진을 오려 비전보드에 붙이고 시각화를 하면서 늘 갖기 바라던 것과 같은 집을 사게 된 것을 알고 매우 놀란다.

이지성 작가의《꿈꾸는 다락방》에도 생생하게 꿈꾸면 현실이 된다고 하며 목표를 구체적으로 적어놓으면 꿈을 이룰 수 있다고 강조하고 있다. 이처럼 많은 성공한 사람들이 목표의 시각화를 강조하는 이유가 있다. 눈에 보이게 만들어야 지속적으로 목표를 인식하고 그것을 향해 행동할 의지력을 자극받을 수 있기 때문이다. 바쁜 일상을 살아가는 현대인들은 하루에도 수십 가지 일을 해내야 한다. 그러다 보니 자연스럽게 내가 원하는 목표는 잊고 살게 된다. 목표를 잊지 않고 그것을 이루는 의지력을 발휘하기 위해서 가장 먼저 해야 할 일은 목표를 보이게 만드는 것이다.

미국 명문 사립대인 예일대 졸업생을 대상으로 인생 목표에 대한 조사 자료가 있다. 당시 졸업하는 학생들에게 목표와 관련한 설문을 했는데 명확하고 구체적인 목표를 써낸 학생은 졸업하는 학생의 3퍼센트였다. 22년이 지난 후 설문에 응한 학생들의 경제 상황 조사결과 구체적으로 목표를 글로 썼던 3퍼센트의 학생들은 나머지 97퍼센트의 졸업생 전체의 재산을 합친 것보다 더 많았다.

하버드대 MBA 졸업생들을 대상으로 한 조사도 비슷한 결과를 보여준다. 졸업 후 10년이 지나 그들의 수입을 조사해본 결과, 단순히 목표가 있던 13퍼센트는 목표가 없던 84퍼센트의 졸업생들보다 수입이 평균적으로 2배 높았다. 구체적이고 뚜렷한 목표를 적어두었던 3퍼센트는 나머지 97퍼센트의 졸업생보다 10배의 수입을 올리고 있었다.

기업 전문 컨설턴트인 미국의 존 맥스웰은 "우리 중의 약 95퍼센트의 사람은 자신의 인생 목표를 한 번도 글로 기록한 적이 없으며, 글로 기록한 적 있는 5퍼센트의 사람들 중 95퍼센트가 자신의 목표를 성취했다"라고 말했다. 이처럼 많은 자료가 말해주듯 우리는 목표를 기록하고 계속 인식하면 결국 이룰 수 있는 가능성을 높여준다는 말이다.

나는 2015년부터 비전보드를 만들고 있다. 연말이 되면 가족과 같이 앉아서 몇 주 동안 토의를 하고 매년 목표를 정해 비전보드를 만든다. 가족의 목표, 개인의 목표 등을 잘 분리해 코팅해서 화장실 앞에도 붙여두고 스마트폰 바탕화면에도 보이게 해두었다. 그 결과 매년 95퍼센트 이상의 목표를 달성하였다. 목표를 적어두기 전에는 새해에 정한 목표가 한 달만 지나도 기억이 안 났지만 적기 시작하면서 삶이 달라졌다. 금연을 한번 만에 성공하고 유지했으며 수입은 3년 만에 두 배가 넘게 되었고 고혈압, 위궤양 등 적신호가 들어왔던 몸은 건강을 다시 찾았다. 목표를 매일 보면서 하루도 빠짐없이 해왔던 행동들 때문이다.

2016년 목표 중 한 가지는 재테크를 통해 월급 외에 수익을 200만 원 얻는 것이었다. 대기업에 다니고 있었지만 외벌이에 부모님 용돈까지 드리려면 빠듯했다. 건설현장에서 일하다 보니 1년 중 300일 정도를 근무했다. 새벽에 나가 밤늦게 들어오는 날이 많아 아들과 아내가 자는 모습만 보는 우울한 삶에서도 벗어나고 싶었다.

아침에 눈을 뜨면 스마트폰 바탕화면과 화장실 문에 붙여놓은 목표를 매일 보다 보니 눈을 뜨자마자 그 생각뿐이었다. 인터넷을 보아도 목표가 연계되어 생각나고 일하면서도 계속 기회가 보였다. 뉴스는 내 목표달성에 필요한 내용만 보였고 평소 나누는 대화도 내 목표와 관련한 이야기였다.

목표와 관련한 책을 읽었고 의문점이 생기면 작가를 찾아가던 메일을 남겨서 궁금증을 해결했다. 목표 중 하나인 부가 수입을 달성하기 위해 재테크를 공부하다 보니 내게 맞는 투자법을 찾았는데 그것은 부동산 경매였다. 그래서 대학교 선배이자 '정태익의 재테크 스쿨'

을 운영하는 선배에게 당시 월급 정도의 돈을 주고 부동산 경매를 배웠다. 8개월간 매일 부동산 경매와 관련된 지식을 습득하고 자투리 시간을 쪼개서 부동산 경매 물건들을 검색했다. 하루도 빠지지 않고 공인중개사와 통화하고 결국 몇 건의 입찰에 성공해 목표 이상의 수입을 만들었다. 불가능해 보이던 목표를 적은 후 8개월 만에 이루어진 일이었다. 나는 적어놓은 목표의 힘을 알게 된 이후 하고 싶은 것이 있을 때 무조건 적는다. 적어서 매일 볼 수 있게 하고 그 힘으로 매일 의지력을 올린다.

이쯤에서 의문점이 생기지 않은가? 단지 목표를 적어놓기만 한다고 다 이루어지는 것일까? 물론 아니다. 결국 우리는 행동을 하지 않으면 아무것도 이룰 수 없다. 행동이 동반되지 않은 목표는 가치가 없어진다. 그런데도 목표를 적으라고 강조하는 것은 그렇게 하는 것이 행동할 수 있는 의지력을 불러오기 때문이다.

물론 꾸준히 행동하는 기술은 앞으로 나올 장을 보면 알게 되겠지만 의지력을 발휘하는 기술 중 가장 중요한 것을 뽑으라면, 당연히 목표를 보이게 만들기이다. 이 방법은 아무리 강조해도 지나치지 않는다.

어떤 행동을 지속하려면 끊임없는 자극이 있거나 습관이 되어야 한다. 우리가 하고 싶은 행동을 습관으로 만들 수도 있지만, 무의식이 거부하는 행동을 습관으로 만들기는 쉬운 일이 아니다. 따라서 우리는 의식적으로 계속 자극을 받아야 원하는 행동을 지속할 수 있다. 그 방법 중 가장 효율적이고 효과적인 방법이 목표를 작성하는 것이다.

그렇다면 목표를 보이게 만드는 방법을 알아보자. 먼저 내가 원하는 것이 있어야 한다. 앞 장에서 원하는 것을 생각해 보기 과제를 잘 수행하였다면 지금 머릿속에 떠오르는 목표가 있을 것이다. 이제 그것을 구체적으로 종이에 기록해 보자. 구체적일수록 좋고 측정이 가능한 목표여야 한다. 목표를 세우라고 하면 많은 사람들이 가벼운 마음으로 머릿속으로 생각한다. 금연, 다이어트, 운동, 독서 등 여러 목표를 말하지만, 더 구체적으로 목표를 생각하거나 적는 사람은 극히 드물다. 목표를 적었지만, 그것을 보아도 뚜렷하게 떠오르지 않고 머릿속에 떠돌고 있다면 실패할 확률이 높다. 목표는 구체적이고 감각적으로 적어야 한다.

적을 때는 내가 제일 잘 쓰는 글씨로 정성을 다해서 적어두거나 컴퓨터로 작성해 프린트한다. 다른 방법은 인터넷이나 잡지 등에서 내가 원하는 목표의 사진을 찾는다. 글로 작성하던 사진이나 그림으로 작성하든 상관없다. 내가 더 감각적으로 와 닿는 것을 이용하면 된다. 목표를 작성했으면 내가 매일 볼 수 있는 화장실이나 냉장고에 붙여두고 스마트폰에도 그것을 담아두고 수시로 봐야 한다. 어떻게든 내가 수시로 나의 목표를 볼 수 있게 만드는 것이 의지력의 기술 첫 번째 과제이다.

보이는 것은 우리가 생각하는 것보다 훨씬 더 강한 힘이 있다. 목표를 적어두고 매일 보면서 매 순간 목표에 맞는 선택을 하는 사람은 더 강한 의지력이 길러진다. 구체적이고 명확한 목표가 동기부여로 작용할 것이고 결심했던 마음을 끝없이 되새겨 줄 것이다. 목표가 없다면 의지력도 필요가 없다. 그래서 목표를 눈에 보이게 만들고 수시로 확인하는 것이 의지력의 첫 번째 핵심기술인 것이다.

　이제 당신 차례다. 지금 바로 당신이 이루고 싶은 목표를 적어보라. 이 책에는 물론이고 스마트폰 바탕화면과 화장실 거울, 책상, 컴퓨터에 붙여두고 매일 아침 눈을 뜨면 내 목표를 눈으로 확인하라. 시작이 반이라고 했던가? 이제 당신은 의지력 고수가 될 첫발을 내디뎠으니 고수가 될 일은 시간문제다.

당신이 이루고 싶은 목표를 적어보라

미세하게
시작하라

내 의지력 강의를 들었던 학생이 연락이 왔다. 강의를 듣고 의지력의 기술을 익히고 꾸준히 하는 것에 자신감이 생겼는데 시작이 힘들다고 한다. 목표를 1년에 100권 읽기로 잡았는데 그렇게 하려면 3~4일에 한 권을 읽어야 한다는 부담감으로 시작을 못하고 고민하다가 연락을 했다고 한다.

많은 사람이 힘들어하는 부분이 어떤 행동을 시작하는 것이다. 하려는 일이 어렵게 보이면 두려워지고 그것을 할 엄두를 못 낸다. 위대한 목표일수록 시작하기가 더 힘들어진다. 그럼 그 위대한 목표를 이루려면 항상 두려움과 싸워 이겨야 하는 걸까? 당연히 그렇지 않다. 아무리 꾸준히 할 수 있는 능력이 있어도 시작을 못한다면 의미가 없다. 또 아무리 위대한 계획이라도 결과가 없다면 아무 소용이 없다. 이번 장에서는 쉽게 시작하는 방법에 대해 알아보자.

나는 이 책을 쓰기 전에 나의 개인 저서를 쓰고 있었다. 그 책을 쓰기 시작할 때 작가가 된다는 희망에 부풀어 의욕이 넘쳤다. 매일 A4용지 세 장씩 써내면 두 달이면 책 한 권을 충분히 다 쓰겠다는 생각을 했다. 그래서 출간 계약까지 3개월의 기간을 목표로 잡았다.

책을 쓰기 위해서 A4용지로 약 100장 정도를 쓰려고 했는데 어렵게 한 달 동안 세 장을 쓰고 나서 멈췄다. 100장을 채울 생각을 하니 도저히 못 쓸 것 같은 두려움으로 글쓰기를 멈추게 되었다. 다시 시작할 방법이 필요했다.

그때 찾은 사람이 '코치 알버트'이다. 나는 그의 강의를 들은 적이 있었고 그와는 개인적인 친분을 유지하고 있었다. 그와 만나 책 쓰기 프로젝트와 관련하여 이런저런 이야기를 했고 결론적으로 세 사람이 모여 책 한 권을 나눠서 써보기로 했다. 그때부터 신기한 일이 발생했다. 우리는 매주 한 번씩 모여서 원고를 검토하고 출판 일정을 점검하고 강의 계획을 세웠다. 일단 같이하니 약속한 날을 지키지 못하면 서로에게 피해를 주기 때문에 어떻게든 쓰게 되었다. 또한 책 한 권이 아닌 삼 분의 일 분량만 쓰면 되니 어렵지 않게 느껴졌다.

그래서 나는 목표를 더 잘게 잘라 생각해 보기로 했다. 한 장이 아닌 매일 열 문장 쓰기로 목표를 바꾸고 글을 쓰기 시작하니 오히려 하루에 A4용지 한 장 이상을 쓸 수 있었고 3주 안에 초고가 다 써졌다. 한 권을 써야 한다는 목표를 잡았을 때 두렵게 느껴졌던 책 쓰기가 쉽게 보였고 매일 쉽게 시작할 수 있었다. 이 책을 쓰면서 의지력을 분석하는 것과 더불어 시작하는 힘에 대해 많은 실험과 연구를 했다.

그런 뒤 두려움 없이 무조건 시작하게 하는 패턴을 만들어 냈다.

목표를 높게 세우면 기분이 좋아진다. 글을 열 문장 쓰겠다는 목표
보다 책 한 권을 쓰겠다는 생각을 하면 동기부여도 잘되고 더 큰 의욕
도 생기는 것 같다. 하지만 의욕이 크다고 반드시 행동으로 연결되지
는 않는다.

원대한 목표를 이루기 위해서는 목표를 잘게 쪼개서 더 짧은 기간
안에 달성할 수 있는 미세한 목표를 만들어 내야 한다. 그 작은 목표
에 더 집중하고 이뤄나가야 시작할 수 있고 결국 원대한 목표를 이룰
수 있다.

나는 일 년에 한 번씩 한 달 또는 보름 정도를 제주도에서 산다. 바
쁜 삶을 살아가면서 온전히 가족들에게 집중하고 각박한 삶에서 일
년에 한 번이라도 벗어나고 싶은 생각에서다. 2018년 제주도에 한 달
을 머물던 중 문득 한라산이 올라가 보고 싶었다. 등산을 즐기지도
않고 해본 적도 별로 없지만, 왠지 한라산 정상에 가면 멋진 광경이
있을 것 같아 오르기로 마음먹었다.

한라산은 우리나라에서 높이로는 가장 높은 산이다. 등산을 해본
적 없는 나는 한라산 정상 등반이라는 목표가 무척 설레고 기대되었
다. 새벽 5시 반부터 가장 빨리 올라갈 수 있는 난코스로 등반을 시
작했다. 등산로에는 정상까지 남은 거리가 표시되어 있었는데 그 표지
판을 볼 때마다 좌절감을 느꼈다.

'아직도 많이 남았구나…'

더는 못 걸을 것 같아 잠시 멈춰 서서 까마득한 정상을 보면서 고민하다가 자신과 타협하고 내려가려던 참이었다. 그때 지나가던 등산의 달인처럼 보이는 한 아저씨가 내게 조언을 했다. "그렇게 정상을 보고 가면 못 가요! 한발 앞만 봐요!" 그렇게 한발 앞만 보고 가다 보면 언젠가 정상에 있는 나를 보게 된다고 말했다.

의지력의 기술 중 목표를 이루기 위해서 이중 비전을 갖는 방법이 있다. 꾸준히 해내기 위해서는 내가 원하는 최종 목표는 당연히 있어야 하지만 그것을 나눠서 작은 목표들을 만들어야 한다. 큰 목표와 작은 목표 두 가지를 모두 가지고 행동하면서 의지력을 발휘하는 기술이다. 그중 작은 목표에 집중하고 실천할 때 최종 목표가 이루어질 가능성이 더 높아진다. 내가 강의에서 매번 강조하는 말이지만 등산을 하는 과정에서도 적용할 수 있을지도 의문이었다.

이미 발에는 물집이 잡혔고 다리는 후들거렸지만 속는 셈치고 한발 앞만 보고 걸어보기로 했다. 아무 생각이 없었다. 더 이상 이정표를 보지 않았고 그저 한발 앞만 보고 걸었다. 한참을 걸었더니 하늘이 밝아졌다. 정상에 가까워져 오고 있었다. 한걸음 한걸음에 집중하며 걸었고 점점 시원한 공기가 느껴졌다. 어느새 정상이었다. 못 오를 것 같던 정상은 그렇게 한발 앞만 보기 기술을 통해 결국 이루어 냈다.

원하는 목표를 크게 만들고 이루어졌을 때를 상상하면 기분이 좋다. 감정적인 부분이 가장 크게 작용해서 만든 최종 목표는 잘 잊히지 않고 무의식에 각인이 빠르다. 내 목표가 무엇인지 안다고 다 이룰 수 있는 것은 아니다. 일단 그 목표를 이루기 위한 '시작'이 있어야 한다. 그 시작을 만들기 위한 첫 작업이 목표를 작게 쪼개서 아주 작은 목표를 만드는 일이다. 그 작은 목표에 실천 계획을 더해 그것에 집중하고 쉽게 시작해서 결국 최종 목표를 이루어 나가야 한다.

원대한 목표를 잡고 상상의 쾌락을 즐기는 것은 단지 기분이 좋아지게 만드는 전략이지 의지력을 키우는 전략과는 거리가 있다. 오히려 그 기분에 중독되면 악순환이 시작된다. 매력적인 목표를 세우고 할 수 있다는 자신감으로 하루를 보내지만, 막상 실천하려니 두려움이 몰려온다. '진짜 내가 할 수 있을까?', '안 될 것 같은데…'라는 생각을 한다. 결국 실패하고 좌절하게 되는 경우가 많다.

이런 과정을 반복하면서 점점 우울해지고 자존감이 떨어지면서 목표를 세우는 것이 두려워질지도 모른다. 나는 그 헛된 목표를 생각하는 것을 '망상 마약'을 먹는다고 표현한다. 망상 마약을 먹으면 내가 이룰 수 없는 극단적인 목표를 세우고 실패하고 좌절하는 과정을 반복하게 된다.

앞 장에서 이루고 싶은 목표를 눈에 보이게 만들라고 했다. 글로 쓰고 사진으로 만들어 매일 볼 수 있게 하라고 했는데 그럼 그것이 망상 마약을 먹는 것 아닌가? 하는 의문이 들 수도 있다. 그러나 목표를 만들고 동기부여를 받는 것과 망상은 한 끗 차이다. 그 차이는 실천 가능한 행동계획이 동반되어 있는지 여부에 따라 생긴다.

만약 몸짱이 되고 싶다고 가정해 보자. 몸짱 사진을 붙이고 매일 보면서 의지를 다지는 것은 자신의 의지력을 만드는 데 필요하다. 하지만 마약이 아닌 동기부여를 만들기 위해서는 나의 현실을 인식하고 명확하게 실천할 수 있는 현실적인 계획이 동반되어야 한다.

피트니스 클럽에서 한 달 동안 주중 새벽 5시에 개인코칭을 받겠다는 계획이 동반된 '몸짱'의 목표는 운동을 하게 만드는 동기부여가 된다. 하지만 목표를 '몸짱 되기'라고 적어두고 운동을 할 계획이 없다면 그것은 당신에게 실패와 좌절을 안겨 줄 망상에 불과하다.

목표를 쪼개서 작게 만들기가 행동의 시작을 쉽게 만드는지에 대한 과학적인 근거들이 있다. 인간은 크게 보면 두 가지 자아를 가지고 있다. 무의식적인 반응인 본능에 따르는 자아와 이성에 따르는 자아이다. 이성은 우리의 뇌의 이마 부분전전두엽이 담당하고 있고 본능은 뇌의 가운데 부분기저핵에서 담당한다.

이성을 담당하는 전전두엽은 많은 에너지를 소비하기 때문에 효율이 좋지 못한 뇌이다. 반면에 본능을 담당하는 기저핵은 적은 에너지로도 활성화되며 효율이 좋고 본능대로 행동하게 만드는 강력한 힘을 가지고 있다.

의지력은 본능이 아니라 이성을 사용해야 하는 힘이다. 따라서 웬만큼 강한 의지력이 아니면 본능에 지게 되어 있다. 이성은 편하고 게으르고 하던 대로 하길 원하는 본능을 이기기 쉽지 않다. 힘이 센 본능을 이기려고 무식하게 효율이 떨어지는 이성의 힘으로 밀어붙이면 이길 확률이 떨어지는 건 당연한 것이다.

목표를 이루기 위해 행동을 시작하려고 하면 무의식이 먼저 저항하기 시작한다. 행동하지 못하게 할 각종 핑계와 심리적 두려움을 만들어 낸다. 그래서 우리는 무의식의 저항이 일어나지 않도록 해야 한다. 그것이 바로 시작할 수 있게 만드는 핵심이다. 그러기 위해서 하려는 행동을 작고 사소하고 가볍게 만들어야 한다. 무의식의 저항이 없을 때 언제나 시작할 수 있는 힘이 생긴다.

팔굽혀펴기 한 번, 독서 한 페이지, 5분 앉아있기, 밥 한 숟가락 덜기로 바꾸어 생각해야 쉽게 시작할 수 있다. 사소한 목표를 나누는 것은 심리적 두려움을 없애주기도 하고 작은 성공을 만든다는 것에도 의미가 있다. 언제든 할 수 있는 목표로 바꿔 줌으로써 매일 목표를 달성하는 상황을 만들면 자존감도 올라가게 된다. 작은 성공을 경험하다 보면 더 큰 목표들도 이룰 수 있겠다는 자신감이 생기게 되고 그 과정에서 의지력도 점차 커지게 된다. 더불어 일정 행동을 반복하게 되면 습관을 형성할 가능성도 생긴다. 나의 목표를 이루게 해줄 행동이 습관이 될 수 있다면 큰 성과를 이룰 수 있을 것이다.

누구에게나 행동을 시작하는 것은 어렵다. 일단 시작만 하면 목표는 절반 정도 이루었다고도 할 만큼 시작은 중요하다. '시작이 반이다', '천 리 길도 한 걸음부터'라는 말도 있지 않은가? 시작의 중요성은 모두 알고 있을 것이다. 그래서 시작을 쉽게 만들기 위해 우리가 해야 할 일인 목표를 작게 만들기를 실습해 보자. 작게 만들면 시작이 쉬워지고 당신의 의지력을 끌어내는 데 큰 도움을 줄 것이다.

오늘 할 수 있는 일로 만들지 못하면 그 행동을 시작할 가능성은 매우 줄어든다. 명심하라. 작고 사소하고 가볍게 만들면 행동하기 쉬워진다. 지킬 수 없는 위대한 목표를 세우는 것보다 지킬 수 있는 작은 행동을 하는 것이 당신의 인생을 변화시킬 것이다.

최종 목표			
목표	1	2	3
행동계획	1-1	2-1	3-1
	1-2	2-2	3-2
	1-3	2-3	3-3

최종 목표 달성을 위한 계획표, 최종 목표를 위한 목표나 행동계획의 갯수는 바꿔도 좋다.

04

같이 하는 것의
가치

　TV프로에서 재밌는 실험을 하는 장면이 나왔다. 남자 세 명이 횡단
보도에 서서 동시에 하늘을 가리키니 주변에 있던 사람들이 특별할
것 없는 하늘을 쳐다보기 시작했다. 단지 몇 명이 하늘을 보았을 뿐인
데 다들 따라서 행동한 것이다. 대체 왜 사람들은 가던 길을 멈추고
하늘을 보았을까?

　대부분의 사람이 영화를 보려고 하면 확인하는 것이 관객 순위라
고 한다. 지금까지 많은 관객이 봤다는 이유로 내가 볼 영화를 고른다
는 것이다. 책도 마찬가지다. 베스트셀러 또는 스테디셀러는 점점 더
잘 팔리게 된다. 사람들은 다수가 봤다는 뜻인 베스트셀러가 내게도
필요한 책이라고 생각한다.

　다른 사람이 하는 행동이 옳다고 판단하고 행동하는 것을 '사회적
증거'라고 하는데 인간의 본능이기 때문에 억지로 막으려고 해도 쉽
지 않다. 그렇다면 사회적 증거를 부정적인 효과가 아닌 우리의 의지

력을 올리는 긍정적인 효과로 적용해 볼 수 있지 않을까?

인간은 스스로 평균에 들어가고 싶어 한다. 평균에 미달이 되면 불안함을 느끼고 대다수가 포함된 평균으로 들어가야 안정감을 느끼곤 한다. 평균이라는 것은 모집단의 중간값이다. 따라서 나에게 꼭 맞는 기준이 될 수 없음에도 불구하고 평균을 추구하는 것은 사회적 동물인 인간의 본능이다.

내게 코칭을 의뢰한 P씨는 1년간 취업을 준비하면서 스트레스를 많이 받았다. 그는 취업스터디를 하고 있었는데 면접에서 떨어지거나 스트레스를 받을 때면 스터디를 같이 하는 사람들과 함께 맛집을 찾았다. 그러다 보니 취업을 준비한 지 1년 만에 몸무게가 20킬로그램이 늘었고 비만이 되었다. 취업 스터디를 처음 시작할 때는 참여자 중 한 명만 비만이었는데 1년 뒤 함께하는 사람들이 모두 비만이 되었다고 한다. P씨는 과체중으로 건강이 악화되면서 스트레스와 먹는 것의 사슬을 끊고 싶었다. 우연한 기회에 내가 운영하는 새벽 기상 오픈 채팅방에 들어와 함께하면서 일일 성장 조언을 통해 의지력이 올라갔고 별도의 코칭을 의뢰했다.

나는 P씨와 함께 1년 동안 취업이 되지 않은 이유를 찾아보기로 했다. 면접에 떨어진 회사의 인사담당자에게 메일을 보내 떨어진 이유를 확인했지만 돌아온 답변은 회사의 평균에 맞지 않는다는 추상적인 이야기뿐이었다. 마침 그가 떨어진 회사 중 한 곳의 인사담당자를 알고 있던 나는 그에게 연락해 간단한 만남을 주선했다. 담당자에게 면접에 떨어진 요인을 단도직입적으로 물어봤는데 살이 쪄서 둔해 보인다는 것이 이유였다. 알고 있었지만 직접 말을 들은 P씨는 충격으로 혹독한 다이어트를 시작했다.

살을 빼고 취업에 성공하고자 하는 사람들을 모아 그들의 만남을 주선하고 매일 소통하고 코칭했다. P씨는 4개월 만에 정상 체중으로 돌아왔고 대기업에 입사했다. 하지만 입사 후 6개월도 안 돼서 P씨는 다시 비만이 되었다. 나는 무리하게 한 다이어트의 요요현상인지 물었는데 그는 아주 간단한 이유를 말했다.

"우리 부서 사람들은 저보다 뚱뚱해요. 제 몸무게는 평균 이하거든요."

수많은 실험과 조사에서 이미 밝혀진 사실은 '비만은 전염된다'라는 것이다. 살찐 사람과 함께 지내면 그들의 식습관과 생활 패턴을 닮아가게 되고 그러다 보니 살이 찔 수밖에 없다는 것이다.

비단 비만만 전염되는 것은 아니다. 의지력을 발휘할 때도 비슷한 과정이 일어난다. 개인의 행동은 어떤 사람들과 함께하는지에 따라 많은 변화를 일으킬 수 있다. '친구 따라 강남 간다'라는 말도 있고 부모님이 항상 친구를 잘 만나야 한다고 강조하는 이유가 있다. 사람들은 내가 속한 집단의 평균을 닮아간다. 부부는 서로 생각은 물론이고 외모까지 닮아가고 아이의 행동은 부모를 닮게 되어 있다.

따라서 우리가 의지력을 발휘하고 싶다면 의지력이 높은 사람들을 곁에 두어야 한다. 나와 목표가 같은 사람들과 함께하면 지속하는 것은 어렵지 않다. 목표를 이루기 위해 꾸준히 노력하는 사람들과 함께하면 그들의 에너지가 나에게 전달된다. 나의 의지력에 함께하는 사람들의 의지력을 더해서 배가 될 수 있다.

내가 1년 넘게 운영하고 있는 오픈 채팅방 중 하나는 새벽 기상 인증을 할 수 있는 채팅방이다. 약 300명 정도가 함께하는데 매일 새벽 4시쯤부터 아침 8시까지 참여한 사람들의 기상 인증 사진이 올라온다. 전날 저녁에는 나의 기상 목표와 할 일을 적어서 인증한다. 단지 이렇게 새벽 기상을 하는 사람과 함께한다는 것만으로도 많은 사람들이 의지력을 높이는 데 큰 효과를 보고 있다. 난 그들의 동기부여를 더 시켜주기 위해서 기상 시간을 매일 집계해서 올려준다. 참여한 기간은 다 틀리지만, 열심히 인증에 참여하는 사람들은 인생이 바뀌었다고 매번 말한다.

하지만 단지 나와 목표를 같이하고 꾸준히 노력하는 사람과 함께 있는 것만으로는 내 의지력이 올라가는 것은 아니다. 함께하는 사람과 나와의 관계가 중요하다. 인터넷이나 책을 통해 성공한 사람들의 이야기를 쉽게 찾아볼 수 있다. 하지만 '오프라 윈프리'가 인생의 목표가 나와 같고 그것을 이루기 위해 열심히 살았다고 해서 나의 의지력을 올려주지는 않는다. 나와 가까운 사람들의 말과 행동이 나에게 미치는 영향력이 훨씬 더 크다.

자주 볼 수 있고 오래 볼 수 있는 가까운 사람들이 살아가는 모습을 보면서 자극을 받고 동기부여가 되며 의지력을 전염시킨다. 만일 주변에 선한 영향력을 주고받을 상대가 없다면 지금부터라도 만들어 가야 한다. 같은 목표를 가지고 꾸준히 행동하는 사람들과 지속적으로 소통하는 것은 의지력을 올리는 데 중요하다.

인스타그램, 블로그, 카페, 유튜브, 페이스북 등 각종 SNS를 통해서 나와 같은 목표를 가지고 있는 사람들을 쉽게 찾을 수 있다. 그들과 가까이하고 소통해야 한다. 소통의 기본은 기브 앤 테이크Give and Take이다. 서로 도움이 되는 것들을 주고받을 때 더 가까워지고 꾸준히 함께할 수 있다.

나는 격주 토요일 아침에 '꿈을 이루는 사람들꿈이사'라는 오프라인 모임을 주선하고 있다. 모임 때마다 꿈을 이루는 데 필요한 주제를 준비하고 제시하면 참여한 분들이 관련된 자신의 이야기를 한다. 내 강의나 모임에는 항상 인원 제한을 둔다. 이유는 심리적인 유대감을 만들어 내기 위해서다. 사람은 자신의 이야기를 하고 싶은 욕구가 있다. 그 욕구를 채우고 그 이야기를 주의 깊게 아무런 평가 없이 들어줄 사람이 있다면 그 사람과 유대감이 생긴다. 그 유대감을 가진 사람들이 모여 의지력을 올리면 불특정 다수와 함께하는 것보다 의지력을 올리는 데 훨씬 더 큰 효과가 있다. 꿈이사 모임은 일회성으로 끝나지 않고 2주간 지킬 목표를 정하고 그것들을 매일 인증하고 서로 격려한다. 작심삼일을 반복하던 사람들도 이 모임에서 이루어 내는 성과를 보면 본인들도 깜짝 놀라 기적이 일어났다고 할 정도다.

무기명으로 진행하는 새벽 기상 오픈 채팅방에 있는 사람들과 나의 이야기를 나눈 '꿈을 이루는 사람들' 모임에 참여한 사람들의 의지력의 차이는 극명하다. '꿈이사' 모임에 참여한 사람 중에는 소송이 걸려 재판 중이거나 가족과의 마찰, 금전적 문제 등 많은 개인적인 문제들이 있는 사람도 있었다. 하지만 그 사람들도 '꿈이사'에서 목표로 정한 미션은 매일 꾸역꾸역하게 된다고 한다. 심지어 그들은 밤을 새우거나 술을 마셨어도 미션을 마무리하고 잠을 잤다. 유대가 있는 사람들과 함께한다는 것은 의지력을 올리는 데 당신이 상상하는 것보다 큰 힘이 있다.

내가 이 책을 쓰고 강의를 하는 것도 이와 같은 맥락이다. 책을 쓰고 더 좋은 강의로 많은 사람의 삶을 더 나아지게 하겠다는 목표를 이루기 위해 각종 매체와 강의로 여러 사람과 소통했다. 그중 목표가 간절하고 심적으로도 가까운 사람들 몇 명과 함께 이 책을 쓰고 있다. 함께 쓰다 보니 매주 서로를 격려하고 상벌도 만들며 다양한 방법으로 의지력을 올릴 수 있었다. 혼자 하려고 했다면 엄두도 내지 못할 그 일을 함께하니 어렵지 않게 해낼 수 있었다. 그 결과로 한 달 안에 책 한 권을 쓰는 기적 같은 일도 일어났다. 혹시 당신도 나와 목표를 함께하고자 한다면 내 카톡 아이디 'ddaggaoh'로 언제든 연락해도 좋다.

꾸준히 의지력을 발휘하고 싶다면 사회적 자석을 만들어 함께해야 한다. 내가 하고자 하는 행동을 함께하면 의지력을 발휘하는 데 효과적이다. 인간이 사회적 동물이라는 본능을 자극해 의지력을 올리는 데 사용한다면 큰 효과를 볼 수 있다. 지속하고 싶은 행동이 있는가? 그렇다면 지금 바로 나와 마음이 맞고 목표가 같은 사람들과 함께하라. 내가 커뮤니티를 만들거나 이미 형성되어 있는 커뮤니티에 가입해 적극적으로 함께한다면 분명 행동을 지속하는 데 도움이 될 것이다.

이번 장에서 당신이 해야 할 과제는 당신과 목표가 같은 집단을 찾아보는 일이다. 가족, 친구, 각종 모임, 학원, 온라인 동호회, 카페, SNS 등 가장 접근하기 쉽고 마음이 가는 집단을 찾아보라. 그들과 함께 목표를 이야기하고 서로 응원하고 도우며 꾸준히 하는 힘을 만들어 보길 바란다.

뇌가 흥분하면
일어나는 일

중요한 일을 앞두고 잠깐만 인터넷 서핑을 하고 시작하려고 했는데 하루 종일 컴퓨터를 보고 있던 적이 있는가? 할 일을 앞두고 유튜브 영상 한 편만 보고 공부하려고 했는데 몇 시간이 훌쩍 지난 기억이 있을지도 모른다.

우리의 뇌는 한번 시작하게 되면 그 행동을 지속하게 하려는 성질이 있다. 그래서 뭔가 시작하고 나면 한동안은 그 행동에 몰두할 수 있다. 이것을 심리학에서는 '작업 흥분'이라고 한다. 무언가 지속적으로 하고자 한다면 일단 시작하는 것이 효과적이다.

해야 할 일이 많을 때 '빨리해야 하는데…' 라는 생각을 하고 있으면 그 일을 해내기 쉽지 않다. 하지만 일단 시작하면 의외로 어렵지 않게 일을 마칠 수 있다. 공부도 운동도 마찬가지이다. 시작은 어렵지만 시작하고 나면 유지할 수 있는 힘이 생긴다.

새해가 되면 어김없이 운동을 시작한다. 일단 운동복과 운동화가 필요할 것 같아서 땀 흡수가 잘되고 공기가 잘 통하는 기능성 옷과 신발을 산다. 집 주변에서 가장 좋은 헬스장을 선택해서 첫날 트레이너와 상담하고 3개월간 퍼스널 트레이닝을 신청한다. 첫날이지만 이미 나는 몸짱이 된 것 같은 기분이다. 트레이너는 일주일에 세 번 오라고 이야기하지만 나는 매일 운동을 하러 나오겠다고 트레이너에게 장담한다. 하지만 3주를 채 못 가고 불타던 의욕은 사라진다. 결국 환불도 못하고 그렇게 돈을 날리고 운동도 끝난다. 이 모습은 불과 3년 전 나의 모습이지만 당신도 별다르지 않을 것이다.

뭔가를 시작하려고 하면 실행하기까지 준비 과정이 더 많은 사람들이 있다. 시작하는 데 부담감을 갖기도 하고 시작을 너무 대단하게 생각하기 때문에 시작 전 '의식'이 많다. 누군가 공부를 하려고 한다면 책상도 정리해야 하고 동기부여를 받을 수 있는 상황도 만들어야 하고, 시간 계획도 작성해야 한다고 생각한다. 한정된 시간에서 시작 전 의식이 길어질수록 정작 해야 하는 일을 할 시간은 적어진다. 서두르다 보면 실수가 나오고 조급함에 효율이 더 떨어지기도 한다. 때로는 데드라인을 넘어서 일을 그르치는 경우도 있다.

시작이 길어지고 준비 과정이 많으면 행동을 할 가능성이 적어진다. 대부분의 행동들은 준비 과정이 필요 없는 경우가 많다. 다이어트를 위해 체중계를 새로 사고 체중 기록지를 만들고 앞으로 못 먹을 것을 대비해 마지막 만찬을 즐길 필요는 없다. 금연을 위해 금연교실을 가야하고 금연 패치를 사야하고 마지막 담배를 꼭 피워야 할 필요는 없다. 시작은 가볍고 쉽게 당장 하면 된다. 운동을 위해 꼭 헬스장을 가야 하는 것도 아니고 기능성 트레이닝복과 신발을 살 필요도 없다. 지금 바로 엎드려 팔굽혀펴기 1회부터 시작하는 것이 운동의 시작이 될 수 있다.

시작을 하면 유지할 자신이 있는데 시작을 어려워하는 사람들이 많다. 당장 시작을 못하고 미루는 이유는 시간에 따라 어려운 정도가 다르게 느껴지기 때문이다. 다이어트는 월초부터 해야 잘할 수 있을 것 같고 금연은 새해부터 해야 잘 될 것 같은 느낌을 받는다. 먼 미래에 일을 계획할 때는 위대한 계획을 세우지만 작은 일도 당장 하려면 엄두가 나지 않는다. 현재는 미약하지만, 미래의 나의 모습은 원대하고 대단한 사람으로 상상하는 일이 종종 일어난다. 그래서 미래의 계획은 멋지지만, 계획을 실천하는 경우가 드물다.

내가 코칭을 한 L씨는 독서를 하려는 계획만 세우고 매일 미루고 있었다. 서점에 가서 책을 골라 사왔고 읽어야 한다는 생각은 있는데 대부분의 여유시간에는 각종 영상을 보곤 했다. 독서를 시작하기만 하면 앉은자리에서 한 권을 다 읽어낼 정도의 집중력을 가지고 있지만 책을 손에 들기가 쉽지 않았다. 그의 마음속에는 저녁을 먹은 후 또는 내일 새벽이나 퇴근 후에 왠지 독서가 잘될 것 같다는 생각이 있었다. 하지만 저녁 식사가 끝난 후에도 다음날이 되어도 책을 읽지 않고 계속 독서를 미뤘다.

L씨는 독서를 위한 동기부여나 자극을 찾기 위해 독서와 관련된 영상도 봤는데 영상 시청 후 독서로 연결되지는 않았다. 그래서 매일 새벽 5시에 책상에 앉아 책을 펴고 나와 통화하기로 약속했다. 그의 목표는 책 한 장 읽기였지만 독서를 시작하면 대부분의 경우 한 권을 다 읽었다. 결국 나와 코칭 하는 3주 동안 매일 통화하며 그는 열여섯 권의 책을 읽었다. 3주가 지난 뒤 그는 습관이 되어 코칭이 끝나고도 꾸준히 새벽 5시만 되면 독서를 하고 있다.

시작하는 기술을 몇 가지만 익힌다면 누구나 시작이 쉬워질 수 있고 지속할 수 있다.

첫 번째 기술은 '5분만 해 보자. 그다음에는 그만해도 괜찮다'라는 생각으로 시작하는 것이다. 시작을 못하는 가장 큰 이유는 두렵기 때문이다. 어떻게 해야 할지, 얼마나 해야 할지, 얼마나 힘들지 걱정되니 시작할 엄두를 못내는 것이다. 따라서 딱 5분만 해 보자는 생각으로 부담감을 덜고 조금 더 편하게 시작해 볼 수 있다.

5분 뒤에 그만둘 수 있다는 생각으로 일단 시작하고 보는 것이다. 운동을 하고 싶다면 문 앞까지만 나갔다가 와도 좋다는 생각으로 나가 본다. 여기서 중요한 점은 정말 그렇게 생각해야 한다는 것이다. 목표를 5분이라고 정하고 마음속으로 더 해야 한다는 모순된 생각을 안하는 것이 중요하다. 5분이 지나도 지속하기 싫다면 그만해도 된다.

하지만 일단 시작하고 나면 지속하고 싶은 마음이 생길지도 모른다.

　두 번째는 쉬운 것부터 해 보면 시작할 수 있다. 싫어하는 전공 공부를 시작하기 어렵다면 좋아하는 교양 공부부터 시작해 보는 것이다. 또는 업무를 시작하기 부담스럽다면 답하기 쉬운 이메일을 처리해 보는 것이다. 나는 3시간 동안 할 강의 준비가 부담될 땐 일단 가볍게 유튜브 채널에 올릴 10분 영상을 만들어 보거나 블로그를 작성한다. 그러면 자연스럽게 강의 준비로 연결되면서 3시간 강의를 만드는 것이 어렵지 않았다.

　세 번째는 앞 장에서 이미 설명한 바 있는 작게 만들기의 기술을 이용할 필요가 있다. '코끼리를 먹을 때는 한 입씩 먹어라'라는 격언이 있는 것처럼 행동을 세분화하면 시작이 쉬워진다.

　금주를 하려고 하는 사람이라면 머릿속에 새겨야 할 문장은 '지금부터 평생 술을 한입도 대지 않겠다!'가 아니라 '이번 식사자리에서는 술을 안 마시겠다!'이다. 금주의 시작도 작은 실천부터이다. 대단한 목표보다 작은 실천이 더 중요하다. 위대한 성취를 위해서는 작은 시작이 있어야 한다.

　마지막으로 중요한 것은 내가 일을 당장 시작하지 못하고 미루는 근본적인 이유는 두려움이라는 것을 직시해야 한다. 두려움이 마음 한쪽에 자리 잡고 있어서 각종 합리화와 핑계를 대면서 회피하고 있는 것이다. 당신이 하고 싶은 일을 못하고 있다면 스스로 마음을 잘 관찰해 볼 필요가 있다. 무언가를 시작할 때 완벽하게 해야 한다는 두려움 또는 그 일을 했을 때 발생하는 기회비용에 대한 두려움 등이 있을 것이다. 두려움이 원인이라는 것을 인식만 하고 있더라도 시작하는 데 도움이 될 것이다.

시작하게 하는 기술을 통해 의지력을 발휘하려면 중요한 조건이 있다. 바로 자신이 선택한 행동이어야 한다는 것이다. 남들이 시켜서 하거나 어쩔 수 없이 선택한 행동은 시작하더라도 뇌 흥분을 일으키지 못한다. 인간은 누구나 자신이 선택한 일에 빠져들 확률이 높아진다. 따라서 해야 하는 일이 있다면 여러 개의 선택권 중 내가 원하는 방법 하나를 선택하여 진행하는 것이 좋다. 예를 들어 운동을 하는 방법이 헬스, 테니스, 팔굽혀펴기 등 많은 종류가 있지만 그 중에 내가 원하는 운동을 선택해야 한다. 누군가 테니스를 강요해서 한다고 시작하면 지속하기 힘들다.

두려움을 줄이고 시작하는 방법을 몇 가지 소개했다. 하지만 위의 방법이 아니더라도 만일 바로 시작만 할 수 있다면 지속할 수 있는 힘이 생긴다. 일단 시작하면 뇌가 흥분을 하면서 그 일에 몰두할 수 있게 도와준다. 생각이 너무 많으면 시작할 수 없다. 생각을 그만하고 지금 당장 시작해 보자.

이번 장의 과제는 목표를 지금 당장 또는 정해진 시간에 일단 시작해 보는 것이다. 글을 쓰고 싶다면 아무 글이던 상관없으니 몇 글자를 적어보라. 독서를 꾸준히 하고 싶다면 책을 펴고 어떤 글이던 읽어라. 단 5분이라도 하려고 하는 일을 성공하면 '시작하면 지속할 수 있다'는 것을 신뢰하게 될 것이다. 지금 당장 행동을 시작해서 뇌를 흥분시켜 그 행동을 지속하길 바란다.

왔노라, 보았노라,
변했노라

　로버트 루이스 스티븐슨의 소설 《지킬박사와 하이드》에 나오는 지킬박사와 하이드는 한사람 안에서 일어나는 내적갈등을 잘 표현하고 있다. '의식'을 대표하는 지킬박사는 나를 통제하고 온전한 인간으로서 살아갈 수 있도록 도와준다. 반면에 하이드는 '무의식'에서 나오는 파괴적이고 분노가 가득한 인간으로 표현되었다.

　소설에만 나오는 이야기는 아니다. 누구에게나 마음속에 2명의 자아 즉, 본능대로 하고 싶어 하는 자아와 통제하고 절제하려는 자아가 있다. TED에서 강의한 팀 어반Tim Urban에 말에 따르면 우리 머릿속에는 '합리적인 의사결정자Rational Decision-Maker'와 '순간적 만족감 원숭이Instant Gratification Monkey'가 있다고 한다. 인간은 살아가면서 합리적인 일을 결정하기 위해 많은 것들을 고려해야 한다. 그러나 머릿속에 있는 원숭이는 오직 쉽고 재밌는 것만 찾기 때문에 의사결정자와 의견이 자주 충돌한다. 대부분의 경우 원숭이가 이기게 되는데 보통 마감 시간이 다가오는 등 위기의 상황이 왔을 때 '혼란 괴물The Panic Monster'이 등장한다. 그 괴물은 원숭이가 가장 무서워하는 존재여서 머릿속에서 괴물이 나타나면 원숭이는 도망가고 합리적 의사결정자가 뇌를 조정하는 운전대를 잡는다고 한다.

의지력을 가지려면 내 머릿속에 원숭이를 잘 관찰해야 한다. 그렇지 않으면 마감 시간이 다 되어서 혼란 괴물이 나타날 때까지 의지력을 발휘하는 것이 어려울 수 있다. 관찰이란 사물이나 현상을 주의하여 자세히 살펴보는 것을 말한다. 하지만 내가 말하는 관찰은 이해하는 과정까지 포함하고 있고 분명한 목적을 가지고 관심 있게 관찰하는 것을 말한다.

세상에 존재하는 것 중 자신을 관찰할 수 있는 존재는 유일하게 인류뿐이다. 지능이 가장 뛰어나다는 인공지능을 가진 알파고도 자신을 스스로 관찰하지 못한다. 인간은 스스로 뇌에서 일어나는 무의식을 관찰 할 수 있는 능력이 있으므로 이 능력을 이용해서 의지력을 높일 수 있다.

무의식을 의식적으로 관찰하게 되면 언제 나의 의지력이 무너지는지 알 수 있지만 관찰하는 방법은 쉬운 일이 아니다. 관찰에는 시간과 노력이 필요하기 때문이다. 의지력이 무너질 때 어떤 환경, 어떤 시간, 어떤 기분인지를 상세히 관찰하려면 그 순간을 포착해야 한다. 나는 지금까지 많은 시도를 해봤지만 유혹에 시달릴 때마다 항상 무의식에 주의를 기울이고 있는 것은 불가능했다. 하지만 무의식을 직접 관찰하지 않고 의지력의 실패를 촉발하는 트리거 trigger를 확인하는 것은 가능한 일이었다. 트리거를 확인한 결과를 바탕으로 앞으로 의지력이 무너지는 상황을 예측해 대비해야 한다.

예를 들어 다이어트를 하고 있는데 밤늦은 시간 TV에서 먹방이 나온다던가 음식 광고가 나오면 먹고 싶은 충동을 참을 수 없다. 결국 참지 못하고 치킨을 배달시켜 먹는 일이 자주 발생한다는 것을 관찰할 수 있다면 그 상황을 피할 수 있다. 여기서 '먹방'이나 음식광고는 트리거가 된다. 이 같은 트리거를 찾아내지 못한다면 야식을 먹은 다음 날 '어제 야식을 먹지 말아야 했는데…'하며 후회하는 일은 계속될 것이다.

앞에서 설명한 바와 같이 의지력을 발휘하기 위해서 트리거를 관찰하여 실패를 막을 수 있다. 이와 더불어 우리의 행동의 결과를 측정함으로써 의지력을 키울 수도 있다. 결과를 측정하고 관찰하는 전략은 이미 많은 실험에서 강력한 효과가 증명되었으며 내가 실제 코칭 시에도 가장 효과가 좋았던 전략이다. 관찰 전략은 다른 추가적인 조치가 없어도 관찰하는 것만으로도 큰 변화를 일으킬 수 있는 강력한 전략이다. 마치 도로에 설치된 속도계에 자신의 속도만 표시되어도 차들이 속도를 줄이는 것과 같다.

변하려면 관리가 되어야 하고 관리가 되려면 측정되어야 한다. 숫자나 O·X처럼 명확히 측정되지 않은 관찰 결과는 의지력을 높여주기에는 역부족이다. 구체적이고 명확한 측정이 가능하다면 의지력을 발휘하는 데 큰 효과를 볼 수 있다.

측정과 관찰이 의지력에 미치는 영향력을 보려면 450편 이상의 학술저작을 발표한 심리학자 '바우마이스터'의 실험에서 알 수 있다. 몇몇 다이어트 전문가들이 체중을 측정하는 것이 다이어트에 도움이 된다고 주장해 바우마이스터가 직접 실험을 시행했다. 그는 《의지력의 재발견》에서 다이어트하는 사람이 매일 체중을 측정하는 것이 매우 효과적이었다고 밝혔다. 폭식할 위험도 적고 매일 체중계에 올라감으로써 실망을 하거나 우울해질 확률도 낮았다고 한다. 부정 의지력이라고 하면 대표적으로 생각되는 다이어트와 금연에서 모두 관찰 전략은 강력한 효과를 발휘한다.

관찰 전략이 강력한 기술이 될 수 있는 이유는 결과에 대해 변명의 여지가 없기 때문이다. 또한 지속적으로 자극을 받을 수 있으며 결과보다 과정을 우선하기 때문이기도 하다. 예를 들어 다이어트 목표가 10킬로그램 감량이라고 한다면 매일 체중을 측정하고 기록함으로써 얻는 효과는 다음과 같다.

먼저 매일 자극을 받을 수 있다. 매일 측정하는 체중 덕에 먹을 때마다 체중 증가가 신경이 쓰인다. 즉 매일 동기부여를 받을 수 있다는 말이기도 하다. 두 번째는 체중이 감량되는 과정을 매일 기록하고 볼 수 있으므로 목표를 잃지 않고 그 과정에 포기하거나 갑자기 폭식하지 않도록 도와준다. 마지막으로 체중의 변화가 눈에 보이기 때문에 변명의 여지가 없다. 체중이 늘어나면 많이 먹었다는 말이고 그렇지 않다면 다이어트를 잘하고 있다는 것이다. 그 결과를 매일 확인할 수 있고 반성할 수 있다.

의지력을 높이기 위해 관찰 전략을 사용하면서 주의해야 할 사항이 있다. 어떤 행동을 하지 말아야 한다고 강력하게 생각하는 것은 위험하다. 다이어트를 할 때 칼로리가 높은 음식을 먹지 말아야 한다는 생각을 하면 할수록 먹고 싶어진다. 흰곰을 생각하지 말라고 할수록 흰곰이 떠오르는 것은 같은 현상이다. 따라서 인간은 생각을 억제하고 억압할수록 더 하고 싶고 떠오르게 된다.

켈리 맥고니걸은 《왜 나는 항상 결심만 할까?》에서 유혹의 중심을 수용하라고 말하고 있다. 100명의 학생을 대상으로 초콜릿을 나눠주고 48시간 동안 가지고 다니면서 '초콜릿을 단 한 개도 먹지 말 것'이라는 도전과제를 주었다. 두 개의 집단으로 나누어 한 집단에는 초콜릿을 먹고 싶다는 생각이 들면 '절대 먹으면 안 돼'라고 생각하게 했고 다른 집단은 흰곰 현상에 관해 설명해 주었다.

역설적인 흰곰 반동효과를 들은 학생들에게 초콜릿을 먹고 싶은 생각을 밀어내지 말라고 했다. 대신 그 생각과 감정을 수용하되 그런 생각과 감정을 행동으로 옮길 필요 없다는 것을 기억하면 된다고 말했다. 즉, 생각은 통제하지 않고 행동은 통제해야 했다.

48시간의 의지력 시험이 끝났을 때 첫 번째 집단은 모두 초콜릿을 먹었다. 하지만 수용전략을 사용한 학생은 유혹이 줄어들었고 스트레스도 적게 받았다. 물론 한 명도 초콜릿을 먹지 않았다.

이처럼 관찰 전략을 사용할 때는 먼저 생각과 행동을 분리하여 생각해야 한다. 떠오르는 생각을 거부하지 말고 자연스럽게 수용하되 행동으로 옮기지 않는 것이 중요하다. 우리가 의지력을 사용할 때 생각과 감정을 수용하고 흰곰 반동효과를 생각해 볼 필요가 있다. 반박하면 더 생각나고 열망이 강해진다. 생각과 감정을 수용하되 행동으로 옮길지는 내가 선택하면 된다. 이때 목표를 기억한 뒤 행동을 할지 말지 판단한다.

이번 장에서 해야 할 과제는 첫 번째, 의지력을 실패하게 하는 트리거를 찾아보는 것이다. 의지력에 실패했을 때 그 상황을 관찰하고 트리거를 찾아내면 된다. 어떤 상황에 어떤 계기로 실패하는지 주의 깊게 관찰해야 한다.

두 번째, 내가 하고자 하는 일을 매일 측정하는 것이다. O·X도 좋고 수치로 표현해도 좋다. 명확히 증명할 수 있는 방법으로 나의 행동을 측정해 보자.

당신은 누구인가

언젠가 필요한 정보가 있어서 네이버 카페에 가입하는데 가입을 하려면 별명을 적어야 했다. 잠시 고민하다가 스스로 의지력을 다지고 싶어서 '의지력 코치'라고 지었다. 무심코 만든 별명이 내 직업이 될지는 생각지도 못했다. 그 뒤로 열심히 카페 활동을 하면서 오프라인 모임도 했는데 그럴 때마다 의지력 코치라 불렸다. 그러다 보니 어느새 나는 의지력을 만드는 기술을 가르치고 있는 사람이 된 것이다. 별생각 없이 만든 별명 하나가 내 인생의 방향을 결정하게 될 줄은 몰랐다.

의지력 코치라고 해서 모든 면에서 의지력을 다 발휘하는 건 불가능하겠지만 '적어도 하고자 하는 분야에서는 남들보다는 의지력이 높아야 하지 않겠는가?'라는 생각으로 인간의 심리를 공부하고 의지력을 연구했다. 그 후 의지력 코치라고 불리던 나는 진짜 의지력 코치가 되었다. 의지력에 대해 공부하고 연구하고 실험하면서 꾸준히 하는 방법을 체득했다. 의지력의 기술들을 알게 되면서 나의 삶은 완전히 달라졌다. 목표했던 기간 동안 매일 영상을 찍어 유튜브에 올렸고, 블로그를 매일 쓰고, 새벽 4시에 일어나 새벽 루틴을 해냈다. 또한 매일 200명이 넘는 사람들에게 성장 조언을 하고 있다. 이렇게 할 수 있었던 핵심기술은 의지력을 나의 '정체성'으로 만들었기 때문이다.

무언가 꾸준히 유지하기 위해서는 중요하게 만들면 된다. 의지력 발휘가 안되는 이유는 그만큼 우선순위가 아니기 때문이다. 하지만 매번 내가 하고자 하는 것들을 0순위로 만들 수는 없다. 이번 장에서는 의지력을 발휘하는 기술 중 정체성을 만드는 방법을 사용해 목표를 달성하는 방법을 알아보자.

애플은 최초 설립 당시에는 컴퓨터를 만드는 회사였다. 하지만 컴퓨터 사업만으로는 한계가 발생하자 사업을 재규정하기 시작했다. '다르게 생각하라'라는 주제를 정하고 제품의 홍보가 아닌 회사의 가치를 홍보했다. 창의적으로 회사의 이미지를 바꾸는 데 성공한 애플은 스마트폰 시장에 진출해 혁신을 이뤄 회사를 살렸다.

나이키는 신발을 광고하지 않는다. 다른 신발보다 더 뛰어난 기능을 가졌다고 강조하지도 않는다. 그저 위대한 선수들을 광고에 내서 경의를 표하고 스포츠 역사를 만들어 나가는 데 함께하고 있다고 광고한다. 그것이 나이키의 정체성이다.

기업은 물론이고 사람도 목표를 꾸준히 유지하고 목표를 달성하는데 필요한 것이 정체성이다. 나를 어떤 사람이라고 말할 수 있는 정체성이 있다면 그 정체성을 지키기 위해 많은 것들을 할 의지력이 생긴다. 목표를 새벽 5시 기상이라 정하는 것보다 새벽형 인간이 되고자하는 것이 목표를 달성하는 데 유리하다. 매일 운동하는 사람이라고 자신을 정의하는 것이 체중을 감량할 확률이 높다. 스스로 어떻게 자신을 정의하는가에 따라 우리의 삶이 달라질 수 있다. 그렇다면 의지력을 높이기 위해서 어떻게 정체성을 만들어야 할까?

첫째, 공개적으로 선언한다. 남이 듣지 못하게 마음속으로 '할 수 있어!'라고 외친 결심은 금방 흐지부지해진다. 은밀하고 조용하게 목표를 정한다는 것은 결심을 번복할지도 모른다는 생각이 바탕이 되어있다. 무조건 달성하고 싶다면 온 세상이 나의 목표를 알게 하면 된다.

나는 유튜브와 SNS를 통해 불특정 다수의 사람에게 난 새벽형 인간이고 새벽 4시면 일어난다고 공개적으로 말했다. 새벽 기상 공개 채팅방을 만들어 몇백 명의 사람들에게 매일 기상시간을 공개하고 블로그와 각종 SNS를 통해 새벽 기상을 이야기했다. 그러다 보니 피곤하고 힘든 날에도 새벽에 일어날 힘이 생겼고 내 말에 책임을 지려고 매일 새벽에 일어났다.

인간은 누구나 내뱉은 말을 지키려고 하는 심리가 있다. 무책임하고 언행일치가 안 되는 사람이라는 말을 듣기 싫어하며 자신의 신뢰가 떨어지는 것을 경계한다. 또한 말과 행동이 불일치되는 인지부조화가 일어나면 스트레스를 받는다. 따라서 공개적으로 나의 목표를 선언하면 지속할 확률이 올라가게 된다. 지금 지속하고 싶은 일이 있다면 지금 바로 각종 SNS, 블로그, 홈페이지 등 알릴 수 있는 곳에 모두 공개적으로 밝혀라. 혹시 나의 의지력이 떨어지더라도 주변에서 자극을 주거나 도움을 줄지도 모른다.

둘째, 과거의 경험이 나의 정체성이 된다. 남자들이 예비군복을 입으면 자세부터 건들거리기 시작한다. 말이 별로 없는 남자가 10시간도 이야기할 수 있는 주제가 군대 복무 시절 이야기다. 남자들이 군대 이야기를 하면 시간 가는 줄 모르고 허세를 부린다. 왜냐하면 영웅담을 말하면서 내가 대단한 사람이 되는 것 같은 느낌을 받기 때문이다. '나는 군대에서 이런 것도 해봤어!'라는 말을 하면 강한 남자라는 자아정체성이 더 강해진다. 그래서 갑자기 건들거리고 허세를 부리기도 한다. 과거의 강렬한 경험은 나의 정체성을 만드는 데 영향을 미친다.

의지력을 발휘해 목표를 달성한 경험이 있다면 다음 목표도 달성할 확률이 높아진다. 운동으로 탄탄한 근육을 만들어 본 사람은 살이 쪘다가도 다시 다이어트에 성공하고 건강한 몸을 만들 확률이 높아진다. 취업에 성공해 본 경험이 있는 사람은 다른 회사도 갈 수 있는 자신감이 생긴다.

반대로 늘 작심삼일에 그치는 사람은 앞으로 하고자 하는 일도 포기할 가능성이 크다. 바른 정체성을 갖기 위해서는 제대로 된 성공을 만들어 내야 한다. 혹시 자신이 의지박약이라는 말을 듣고 있다면 작은 목표라도 성공을 지속해서 이뤄내는 습관을 만들어라. 그렇게 서서히 목표를 끝까지 달성하는 사람이라는 나의 정체성을 만들어 나가야 한다.

작은 성공조차 어려운 사람에게도 희소식이 있다. 내가 기억하는 과거의 경험은 객관적인 사실이 아닌 내가 재해석하고 의미를 부여한 생각이라는 것이다. 실제로 어떤 일이 있었는지는 모르지만 군대 생활을 극심한 고통도 다 견뎌냈던 경험으로 미루어 보면 우리의 뇌는 그렇게 기억한다. 따라서 과거의 기억을 통해 자아정체성을 형성하는 것은 그리 어려운 문제는 아니다. 긍정적인 생각을 하고 모든 상황에서 감사하고 배울 점을 생각해 본다면 좋은 기억으로 남고 필요한 정체성을 만들 수 있다.

셋째, 수치심보다는 자부심을 활용해야 한다. 아이를 움직이게 하는 방법으로는 두 가지 방법이 있다. 혼을 내거나 화를 내서 아이를 자극해서 하게 만드는 방법과 성공했을 때 칭찬을 해주며 자부심을 느끼게 만드는 방법이 있다. 전문가들은 자부심을 느끼게 하는 방법이 그 행동을 지속하게 하는 데 훨씬 더 효과적이라고 말한다. 당장 행동하도록 만드는 데는 수치심을 유발하는 것이 효과적이지만 지속하게 만들려면 자부심을 활용해야 한다.

자부심의 사전적 의미는 자기 자신 또는 자기와 관련된 것에 대하여 스스로 그 가치나 능력을 믿고 당당히 여기는 마음이다. 자신을 당당히 여기면 자존감과 더불어 뭐든 할 수 있는 사람이라는 자아정체성이 생긴다. 하고 싶은 일을 할 때 할 수 있다는 자신감이 충만한 사람은 그 행동을 더 오래 지속할 수 있다.

넷째, 행동을 해야 정체성이 생긴다. 우울과 절망, 고통 등은 모두 머릿속에서 일어난다. 그래서 많은 사람이 생각을 바꾸면 행동이 바뀐다고 이야기한다. 하지만 "할 수 있다!"를 아무리 외쳐도 삶의 변화는 일어나지 않는다. 일어나서 행동하지 않으면 바뀌는 것은 없다. 삶의 변화는 돈을 벌고 싶다는 생각을 하는 것이 아니라 벌기 위해 움직이는 것에서 시작된다. 앞장에서 자세히 다룬 시작하는 방법을 기억하며 적용해 보자. 건강한 사람이 되려면 이것저것 생각하기 전에 지금 당장 팔굽혀펴기 1회를 하라. 행동하면 생각이 정리될 것이다.

마지막으로 정체성을 만들려면 진짜가 될 때까지 진짜처럼 행동해야 한다. 자유분방한 삶을 살길 원한다면 힙합 스타일의 옷을 입고 그들과 어울려라. 부자가 되고자 한다면 부자처럼 생각하고 부자들과 어울려야 한다. 나는 직장생활을 벗어나 자유롭게 살아보고 싶어 1인 창업을 하는 사람들과 어울리고 크리에이터와 유튜버들을 만나 그들처럼 행동했다.

내가 하고 싶은 주제를 집요하게 파고들었으며 나의 가치를 전달하기 위해 블로그를 만들었고 책을 쓰기 위해 작가들을 만났다. 많은 사람과 생각을 나누기 위해 유튜브를 시작했고 강의를 했다. 의지력을 올리기 위해 의지력이 높은 사람들이 모이는 커뮤니티를 만들고 그들과 어울렸다. 내가 되고자 하는 모습을 구체적으로 상상하고 그 상상 속의 내가 할 것 같은 행동을 꾸준히 하라. 진짜가 될 때까지 진짜처럼 행동하면 내가 원하는 정체성이 만들어질 것이다.

지속하고 싶다면 정체성을 만들어 내야 한다. 즉 나는 어떤 사람이라고 내 스스로 정의하면 그런 사람이 될 수 있다. 정체성이 만들어지면 나는 그것을 고수하고 지키기 위해 많은 행동들을 꾸준히 하려고 노력하게 될 것이다.

이번 장의 과제는 나를 정의하는 방법을 통해 내가 해야 할 일에 대한 책임감을 만들어보자. 당신은 어떤 사람이 되고 싶은가? 그 사람이 되기 위해 무엇을 할 것인가? 생각했으면 이제 적어보고 행동하라. 당신의 인생은 지금부터 달라질 것이다.

당신은 어떤 사람이 되고 싶은가?
당신의 정체성을 대변할 이름은?

PART 3

배 :
배워야
결국 살아남는다

이기는 싸움만
해라

지방대에 떨어지고 8개월간 재수해서 서울대를 간 사람이 있다고 들으면 어떤 생각이 떠오를까? 보통은 '천재인데 노력을 안했던 사람이겠지' 혹은 '원래 잘했는데 수능에서 실수했을 거야'와 같은 그 사람만의 뭔가 특수한 경우라는 생각을 할 것이다.

나, 겸 코치는 부산에 있는 고등학교에서 반에서 5등 정도 하던 학생이었다. 친구들 하는 만큼 나도 충분히 노력한다고 생각했다. 하지만 서울대를 갈 수 있는 성적은 절대 아니었고 현실적으로 말이 안 되는 목표였다. 무엇보다 '나는 왜 이렇게 머리가 나쁠까?' 하는 생각에 빠져 살았던 사람이다.

수능 시험 당일, 교문을 지나는데 이상한 자책 비슷한 생각이 들었다. '시험 결과가 대박 나면 좋겠지만… 그렇게 되면 양심에 찔리는 일이 아닐까?'

그 기억이 10년도 더 되었지만 아직도 생생하다. 그날 수능시험 성적은 평소 모의고사 결과에도 훨씬 미치지 못했다.

그렇다고 당장 다시 수능에 도전하기는 꺼려졌다. 집에 경제적으로 부담을 주는 게 싫었고 성적이 오른다는 보장도 없었다. 나는 해도 안 되는 사람일지도 모른다는 생각을 했다. 입학원서를 쓴 대학 중 한 곳만 붙었는데 마음에 들지 않았지만 '가서 열심히 해야지'라고 스스로 합리화하며 입학하려고 했다. 하지만 입학하기 직전에 갑자기 미칠 것 같은 감정이 올라왔다. 몇십 년간 공부한 게 부정당하는 느낌이 들었다. 공부뿐 아니라 12년간 학창시절을 성실하고 우수하게 했다고 생각했는데 사회에 나가면 누구에게도 이 사실을 인정받을 방법이 없었다. 졸업 후 미래를 생각해 보니 미래에 '생존'하기도 힘들어 보였다. 학생 입장에서 성적 말고는 나를 증명할 방법이 없다는 사실에 위기감마저 들었다. 하필 그때 당시 담임 선생님이 전화로 건넨 한마디가 불에 기름을 부은 격이 됐다.

"그 정도면 잘 갔네."

귀에 들린 음성이 마치 비수처럼 내 가슴으로 꽂혔다. 낙담한 나를 위로하기 위한 말이었겠지만 내 자존심을 송두리째 흔들었다. 평소 차분하고 화를 잘 안 내는 내성적인 성격이란 평을 들었지만 그날만은 예외였다. 엄청난 분노와 두려움이 섞인 감정에 휩싸였다. 참기 힘든 감정적 역동은 결국 폭발했다. 입학하기 직전, 등록금을 몽땅 환불하고 재수를 하겠다고 부모님께 선언했다.

돌아보면 그 순간이 내 인생에 있어 중요한 분기점이었다. 예전에는 부모님이 학원비 내는 것에 대한 미안함으로 보여주기식 공부를 하곤 했다. '이 정도 성적이면 괜찮겠지'하는 정도로만 방어적으로 공부했다. 하지만 이번에는 달랐다. 배수의 진을 친 장수처럼 처음으로 '결단'이라는 것을 내렸다. 다른 누군가에게 보여주기 위한 공부가 아니라 오직 나를 위한 공부를 시작한 것이다. 내 안에 있는 삶의 역동을 온전히 공부로 옮겼다. 이때 생긴 주체성이 나를 끝까지 포기하지 않게 하는 원동력이 되었다.

물론 원하는 대학에 못 간다고 인생이 망하는 것도 아니며 나를 증명할 방법이 없는 것도 아니다. 대학을 잘 간다고 인생이 무조건 잘 풀리는 것도 아니다. 냉정하게 보면 잘못된 편견에 빠져있었지만 어렸던 내가 처음으로 스스로 '내적 역동'을 만들어 냈다는 사실이 핵심이었다.

학습과 관련한 개인 상담을 진행하다 보면 겉으로는 자신을 위해 공부하는 것 같지만 내면에서 주체적으로 공부하는 사람은 거의 없었다. 100퍼센트 책임감을 안고 공부하는 사람에게는 절대 실패가 없다. 시험 성적은 원하는 만큼 못 받더라도 인생 전반으로 엄청난 성장을 하게 된다.

재수 시절 나는 스스로 책임감을 느껴 8개월 동안 딱 세 번 놀았다. 생일 파티, 수능 100일 전 술 한잔, 그리고 좋아하는 축구 한 번이 전부였다. 그렇게 맞이한 수능시험 당일에는 예전과 완전히 다른 생각이 내면에서 솟아 올라왔다.

'이렇게까지 했는데 수능을 망치면 그게 정말 이상한 일이 아닐까?'

내가 성공하는 것이 마땅하고 정의롭다는 느낌이 들었다. 다른 건 몰라도 전국에 나보다 더 열심히 한 사람은 거의 없을 거라는 확신이 들었다. 노력만큼은 후회가 없었다. 결과를 망치더라도 더 이상 후회는 없겠다는 생각마저 들었다. 내가 할 수 있는 모든 최선을 다하니 묘한 안도감을 느끼게 된 것이다. 지난 시험 때와 다르게 '내적 불일치'가 없는 상태가 만들어졌다.

그런 일치감을 가지고 훈련한 대로 시험을 쳤다. 훈련이라는 단어를 쓴 이유는 그만큼 자동화, 습관화했다는 의미다. 습득한 지식을 완전히 몰입한 상태로 시험을 칠 수 있었다. 그리고 결과도 내 예상보다 훨씬 잘 나왔다. 그렇게 나는 서울대 산업인력개발학과를 입학했다. 재수 때의 성공 경험은 내게 큰 자산이다. 그 경험은 내가 다른 사람들의 잠재성을 발견하고 삶을 긍정적으로 변화시키는 일을 시작하게 했다. 남들보다 머리가 나쁘다고 자기비하를 했던 학생이 성공에 이를 수 있었던 비결은 심리 변화에 있었다.

지금부터 우리는 배우고 공부하며 학습하는 능력과 관련한 이야기를 할 것이다. 내가 경험한 수능 시험공부는 평생 배움에 있어서 아주 작은 부분일 것이다. 그러나 우리 대부분이 경험하는 공통 분모가 있기에 이와 관련한 이야기를 꺼냈다. 우리는 학창시절 공부에 대한 잘못된 경험으로 배움에 관한 편견에 빠진다. 따라서 그 신념이 잘못 세

팅되어 있을 가능성이 크다. 커서 해야 할 공부는 수능 때와는 다르다. 진짜 학습을 원한다면 배움과 관련한 심리적 한계를 없애고 다시 재설정하는 작업을 해야만 하는 이유가 여기에 있다.

우리는 오랜 기간 실수가 허용되지 않는 환경에서 학습을 배웠다. 실패는 곧 자신이 남들보다 뒤떨어졌다는 인증이자 존재에 대한 부정이었다. 그것은 사람들에게 두려움과 잘못된 선입견을 품도록 만들었다. 학교 및 사회에서 강요된 요청에 실패할수록 잘못된 감정을 반복해서 경험한다. 성인이 된 지금도 그 마음의 틀에서 갇혀 있다. 거의 모든 사람들이 그렇다. 이제는 이 틀을 버려야 한다.

자기계발의 결과는 개인이 가진 능력 차이보다 어떻게 올바른 환경, 방법, 상황을 구조화하는가에서 크게 좌우된다. 단순히 무작정 노력해서 되는 문제가 아니다. 내가 재수 시절 깨달은 것은 엄청난 노력을 하더라도 올바른 조건이 갖춰지지 않았다면 실패했을 거라는 사실이다. 나에게 이 '학습 열쇠'들이 충족되지 않았더라면 지금의 나도 없을 거라는 생각에 소름이 돋기도 한다. 지금도 수많은 사람들이 이 요소들을 놓쳐서 노력해도 안 되는 상황에 빠져있다. 과연 이 학습 열쇠란 무엇일까? 바로 앞으로 이 책에서 이야기할 심리적 조건과 전략들이다.

'밑 빠진 독에 물 붓기'라는 말이 있다. 심리적인 고통을 겪은 후 무기력에 빠져있거나 해도 안 된다고 느끼는 심리 상태에 딱 어울리는 말이라 생각한다. 내 마음속에 구멍이 생기면 뭘 하든 밑 빠진 독에 물 붓는 것과 같은 결과를 만든다. 내가 가진 에너지는 한정되어 있는 데 가만히 있어도 구멍을 통해 어디선가 에너지가 세어나가기 때문이다. 밑 빠진 독에는 아무리 노력을 기울여도 한계가 생긴다. 그래서 구멍을 막는 것이 우선이다. 예를 들어 '해도 안 될 것'이라는 구멍이 내 마음에 있다면 그것부터 막아야 한다. 무의식은 효율적으로 움직이기 때문에 해도 안 되는 상황이면 하지 않는 것이 정상이다. 앞으로 우리의 여정은 바로 이 에너지가 세어나가는 구멍을 발견하고 막는 작업이다.

우리는 무슨 일을 할 때 최소한의 전략을 가지고 있어야 한다.

수많은 병법서를 종합하면 한 가지 공통적인 통찰을 얻을 수 있다. 바로 이길 수 있을 때만 싸우는 것이다. 싸우기 전에 이미 이길 수 있는 상태를 만드는 것이다. 안 될 것을 알면서도 남들이 하니까, 다른 누군가 이렇게 해서 성공했으니까 나의 기질과 환경 변화는 무시하고 무작정 따라서 하는 방식은 전략이 아니다. 학습하는 것도 마찬가지다. 지금 자신이 이길 수 있는 상태에서 노력하고 있는지를 생각해 봐야 한다. 자신의 전략대로 꾸준히 했을 때 성공할 수 있을지를 고민해야 한다. 무엇보다 에너지가 세어나가는 곳이 없는 상태에서 노력하고 있는지를 검토해야 한다.

밑 빠진 독 같은 상황에서 벗어나기 위해서는 학습에 대한 자신의 마음 구조를 반드시 바꿔야 한다. 잘못된 심리적 틀, 즉 프레임에서 벗어나야 한다. 당신이 당연하다고 생각하는 것은 진실이 아니다. 틀을 부숴 버리고 다시 구조화해야만 한다. 지금부터는 그 여정을 하나씩 시작해 보자.

쉽게 배우는
사람들의 비밀

'학습하는 데 있어 심리적인 부분이 차지하는 비중이 어느 정도 되나요?'

이 질문에 많은 사람이 50퍼센트 정도는 된다고 이야기한다.

만약 '심리적'이라는 용어를 광범위하게 사용한다면 사실상 학습의 거의 모든 부분에 영향을 미친다고 생각한다. 하지만 실제로 이 부분에 대해 진지하게 따져보거나 관리를 받은 적이 있는 사람은 거의 없다. 나는 우리 사회가 이런 면에서 아주 무책임하다는 생각을 한다.

공부를 왜 안하는지를 물으면 '재미없으니까', '시작하기 힘들어서' 등 여러 이야기를 꺼내지만, 막상 정확한 이유는 모르겠다는 표정을 보인다. 사실 이게 정말 궁금하고 누구나 한 번쯤은 고민해 보는 질문이지만 대부분 깊게 생각해 본 적은 없을 것이다.

여기엔 '해도 안 될 것 같아서'와 같은 아주 근본적인 이유가 숨어있다. 물론 이것이 정답이 아닐 수도, 어쩌면 정답이 없을 수도 있다. 실제로는 사람마다 서로 다른 구체적 이유가 있겠지만 실용적 차원에서 내가 이것을 원인이라 지목한 이유를 이해하는 것이 아주 중요하다.

공부가 정말로 재밌어서 하는 사람들은 극소수다. 그런 사람들은 계속 즐겁게 하면 되니 여기서는 예외로 두겠다. 우리가 집중해야 할 사람들은 반대로 재미가 없는데도 고통을 감수하고 노력해서 성과를 만들어 내는 사람들이다. 이 사람들은 왜 힘든 것을 알면서도 공부를 하는 걸까?

이를 위해선 내적인 '존재 인증'이라는 동기를 살펴보아야 한다. 존재 인증이란 내가 어느 정도 이상 성과를 내면 나를 둘러싼 사람들 즉 부모, 친구, 선생 등 이해관계자들에게 '내가 이 정도 괜찮은 사람'이라는 존재에 대한 인증을 받게 되는 것을 의미한다. 이들은 자신이 이 정도 노력을 투입하면 이 정도 결과가 나온다는 것을 경험적으로 알고 있다. 이러한 성공 경험들이 쌓이면, 내가 성과를 만들어 낼 수 있다는 신념으로 자리를 잡는다. 이것이 내가 성과를 만들어 낼 수 있는 사람이라는 신념, 그것이 존재 인증이라는 동기다.

존재 인증이라는 결과가 나올 것을 알기 때문에 힘들더라도 노력이라는 것을 실행하는 것이다. 이러한 동기가 그 사람들을 움직이게 만든다. 이러한 내적 보상이 있기 때문에 노력이라는 대가를 지불할 수 있다. 보통은 결과가 불확실하여 노력하지 않는데 다행히도 이들에게는 성공 경험이 '이 정도 노력하면 된다'라는 믿음으로 자리 잡고 있기에 가능하다. 존재 인증은 아주 근원적인 내적 동기다.

그렇다면 반대의 경우는 어떨까? 바로 '바보 인증'이라는 부정적 동기가 숨어 있다. 이들은 신념이 확고히 만들어지기 전에 실패를 경험한다. 어느 정도 노력을 투입해 보았는데 부정적인 반응을 경험하는 것이다. 그렇게 되면 모순적인 상황에 스스로 빠진다.

노력할수록 자신이 바보라는 것을 인증해야 하는 상황을 맞이한다. 그것을 몇 번 경험하고 나면 노력을 안하는 방향으로 흘러간다. 무의식이 자신의 존재가 부정당하는 것을 방어하는 것이다. 차라리 노력을 안하면 노력을 안했기 때문에 못한 것이라는 합리화를 할 수 있다. 그것이 나라는 존재를 지켜낼 수 있는 최후의 보루이자 가장 안전한 방법이기 때문이다. 게다가 사회적으로 '바보 낙인'을 찍어대는 분위기는 이 악순환에 기름을 붓는다.

앞에서 설명한 존재 인증 대 바보 인증 메커니즘은 어떻게 해야 해소할 수 있을까? 이와 관련하여 스탠퍼드 대학의 캐롤 드웩 교수가 말한 마인드셋과 관련한 다음 질문에 답해 보길 바란다.

* 네 가지 선택지 중에서 내가 가진 생각과 가장 가까운 것을 고르자. 정답을 찾지 말고 본인이 평소 어떤 생각, 경향을 보이는지를 기준으로 선택해 보자.

1. 지능은 변하지 않는다.

2. 새로운 것을 배울 수는 있지만 지능이 바뀌는 것은 아니다.

3. 기존에 어떤 지능을 가졌든지 상관없이 배움을 통해 지능은 조금씩 바뀐다.

4. 지능은 항상 바뀌는 것이다.

1·2번의 경우 고정 마인드셋, 3·4번의 경우 성장 마인드셋일 가능성이 있다.

우리는 모두가 초등학교 때 못 풀던 문제를 노력을 통해 배우고 고등학생이 되어 풀어낸다. 학습이란 당연히 그러한 것이고 대부분은 지능의 문제가 아니라 얼마나 그것과 관련해서 노력하고 훈련했는가의 문제다. 지능이나 재능이 사람마다 차이가 있는 것은 사실이지만 그것이 고정된 것이 아니라는 의미다. 훈련 정도에 따라 얼마든지 성장할 수 있는 것이다.

성장 마인드셋을 가지면 세상을 살아가는 것이 가벼워진다. 꼭 공부가 아니더라도 어떤 실패가 나에게 다가왔을 때 이것은 나라는 존재가 부족해서 실패를 경험한 것이 아니라 내가 노력을 안했기 때문이라는 결론을 내릴 수 있다. 그래서 다음에 성공하려면 노력을 하면 되는 것이다. 나라는 존재가 문제가 아니다. 노력 안한 것이 문제다. 이것은 작아 보이지만 아주 큰 차이를 가져온다. 나라는 존재가 문제라면 우리는 다시 태어나야 한다. 실패 때문에 죽어야 하는 불합리한 상황이 생기는 것이다. 성장 마인드셋은 노력 안한 내 모습을 보고 노력하게끔 만들어 준다. 아주 합리적인 선택이다.

반면에 고정 마인드셋을 가지고 있다면 지능이나 재능과 같은 것들은 노력으로 바뀌는 것이 아니라는 생각을 한다. 나는 천재이거나 바보이거나 둘 중의 하나인 것이다. 그래서 자신이 풀기 어려운 문제가 나타나면 스스로 바보 인증하게 하는 상황을 맞이해야 한다. 지능은 노력으로 바뀌지 않기에 노력해서 풀어낸다는 것이 오히려 자랑스럽기보다 부끄러운 일이라 생각할 수도 있다.

고정된 마인드셋을 가진 사람들은 김연아, 마이클 조던, 호날두 등 세계적인 스타들은 타고난 재능이 있다고 생각한다. 그 사람들이 타고난 부분에만 집중하는 것이다. 그렇게 생각하는 것이 마음이 편하다. 하지만 분명한 것은 그 사람들은 자신의 재능을 발견한 것뿐 아니라 노력의 양도 세계 일등이라는 사실이다. 우리는 자신도 모르게 이 부분에 대해서 알고는 있지만 회피하고 감추려 한다.

성장 마인드셋을 가지면 문제를 실패의 요인이 아니라 기회의 관점에서 바라볼 수 있다. 내가 지금 이 문제를 풀지 못한다는 것은 나의 지능이 떨어지거나 재능이 없어서가 아니라 단지 관련하여 내가 노력을 안했기 때문이라고 믿는다. 있는 그대로, 사실대로 받아들이고 내가 노력해서 이후에 문제를 풀게 되면 나는 더 똑똑한 사람이 된다고 믿는다.

그렇다면 성장 마인드셋을 갖추려면 어떻게 해야 할까? 첫 번째는 성장 마인드셋에 대한 내용을 이해하고 그것을 내재화하는 것이다. 그리고 두 번째는 피드백을 성장 마인드셋에 맞게 주고받는 것이다.

캐럴 드웩 교수는 빈민가에 있는 학교 학생들을 대상으로 성장 마인드셋을 내재화하는 실험을 진행했다. 학업성취도가 낮은 학생들에게 성장 마인드셋 대한 개념을 이해하게 하고 지속적으로 교육한 결과 부유층 상위권 학교의 학업성취도를 넘어섰다. 타고난 지능, 재능과는 상관없이 성장 마인드셋을 심어주는 것만으로도 학업성취도를 올릴 수 있었다.

다행히 이 책을 읽는 독자들은 성장 마인드셋을 위한 첫걸음을 시작했다. 이 이야기를 정확히 이해하는 것만으로도 도움이 된다. 그리고 이것을 반복해서 내재화하는 시간을 가져야 한다. 우리의 뇌는 가만히 놔두면 자연스럽게 잊어버린다. 반복적으로 자극을 주기 위해 마인드셋에 대해 자주 표출하고 자각한다면 더욱 효과적일 것이다.

성장 마인드셋을 갖는 또 다른 방법은 올바른 피드백을 통해 가능하다. 만일 한 학생이 시험을 망쳐서 이번 시험 결과에 대해 실망했다고 가정해 보자. 당연히 혼나겠다는 생각으로 부모님께 결과를 전달했지만 부모가 칭찬을 한다면 어떤 일이 일어날까?

아이는 인지부조화가 생긴다. 자신이 분명히 결과가 나쁘다는 것을 아는데 잘했다는 피드백을 받으면 심리적으로 꼬이는 현상이 일어난다. 앞장에서 말했듯이 나의 담임선생님의 "그 정도면 잘 갔네"라는 한마디에 분노한 것이 바로 그런 경우다. 내가 만약 그때 분노하지 않고 그 역동을 억압하고 합리화해서 '난 그런 사람이야'라고 생각하고 살았다면 어찌 되었을지 끔찍하다. 성장 마인드셋을 위해서는 당사자가 느끼는 대로 피드백해주는 것이 중요하다. 칭찬받을 만하다고 생각했을 때 칭찬을, 지적을 받으리라 생각이 들었을 때 지적을 해야 한다. 공감이란 그런 것이다.

반대로 피드백을 받는 입장이라면 잘못된 피드백을 하는 누군가로부터 자신을 방어할 수 있어야 한다. 성인이라면 특히 그렇다. 다른 누군가에게 휘둘리지 않는 자신만의 기준이 있어야 한다. 타인이 나의 정체성을 평가하거나 판단할 권리가 없음을 알고 있어야 한다. 상대가 잘못된 피드백을 한다면 스스로 판단해서 튕겨버릴 수 있는 마음을 가져야 한다.

추가로 성장 마인드셋을 위해서는 칭찬의 맥락을 잘 집어야 한다. 예를 들어 칭찬하면서 '넌 정말 똑똑한 아이야', '넌 누굴 닮아서 이렇게 잘났니', '1등이라니! 계속 1등 해야 한다!' 등 결과에 대해 칭찬을 하는 것은 고정 마인드셋을 부추기는 피드백이다. 이러한 이야기를 지속적으로 들으면 자신이 똑똑해야만 하고, 잘나야만 하고, 1등 해야만 하는 고정된 자신만 남게 된다. 이 또한 사람을 심리적으로 가두게 만든다.

이보다는 과정과 노력에 대해 칭찬을 해야 한다. '네가 그런 결과를 내기까지 노력하는 모습을 보았고 그 노력하는 모습이 나를 감동시켰다', '계속 지금처럼 노력하는 모습 보여줬으면 좋겠다'와 같은 과정에 대한 칭찬을 할 수 있어야 한다. 그러면 다음에도 노력하는 방향으로 선택하게 되고 그러한 노력의 과정이 있다면 당연히 결과는 따라오는 것이다.

누구나 고정된 마음의 구조, 틀 안에 갇히면 혼자서는 빠져나오기 힘들다. 나 역시도 고정 마인드셋을 가지고 있었고 그래서 보여주기 위한 공부를 했었다. 그때 학창시절에도 노력했지만 성공하지 못한 이유가 여기에 있다고 생각한다. 실제로 제대로 된 학습이 일어나지 않는 이유는 이 패턴을 벗어나지 못하기 때문인 경우가 많다.

하지만 재수를 하면서 내가 선택한 것에 대한 책임감이 생기고 주체성이 만들어졌다. 오히려 내가 노력을 할 수밖에 없는 심리적 구조 안에 있었다. 그 각각의 이야기는 뒤에서 계속 전달하겠다.

학창시절뿐 아니라 회사 생활 그리고 삶을 살아가는 데 성장 마인드셋은 정말로 중요한 핵심 심리기술이다. 상담하면서 자주 하게 되는 이야기가 있다. 탁월함, 우월함을 보장하는 것이 있다면 그것은 어떤 타고난 재능이나 지능과 같은 것이 아니라 노력을 할 수 있는 능력이라고. 즉 자신에게 동기를 부여해서 노력할 수 있는 능력 자체가 진짜 재능이라 생각한다. 실제로 내가 겪은 모든 분야에서 성공하는 사람과 실패하는 사람의 차이를 만든 것은 기꺼이 해당 분야에 노력할 수 있는 재능을 가진 사람들이었다. 성장 마인드셋을 가진 사람들이다.

중요한 것은 스스로는 고정된 내 마음의 틀을 인식하는 것이 아주 힘들다는 것이다. 왜냐하면 내가 그 틀 안에 있기 때문이다. 문제 속에서는 문제를 인식하기가 어렵다. 그래서 외부 자극이 필요하다. 나는 지금 이야기하는 내용이 당신에게 강한 자극제가 되었으면 한다. 그리고 당신의 마음이 심하게 흔들리기를 희망한다. 당신 마음속에 있던 고정 마인드셋을 부숴버리고 그 자리에 성장 마인드셋이 스며들어 각인될 수 있도록. 내가 성장 마인드셋이라는 핵심기술을 갖춘 사람이라고 상상해 보자. 내 심장에 그 기술을 이식하여 장착하는 것이다. 그리고 내가 겪었고 겪을 실패들을 다시 재해석해 보자. 어떻게 대처했고 앞으로 대처할 수 있을지 충분히 음미하고 느껴보는 것이다.

당신이 성장 마인드셋을 갖추었다면 다음으로 넘어가자.

맞춤 학습의 기적

목표를 이루는 데 필요한 것은 두 가지다. 첫째는 올바른 방법, 둘째는 노력이다. 공부도 마찬가지로 올바른 방법으로 열심히 노력하면 누구나 잘할 수 있어야 한다. 하지만 두 가지를 모두 만족했음에도 잘 안되는 경우가 있다. 정말 누구보다도 최선을 다했는데 실패하는 경우가 생긴다. 다른 사람들이 성공하는 방식을 똑같이 가져왔음에도 자신만 안 되는 것이다. 그래서 우리는 이 부분을 조금 더 구체적으로 살펴볼 필요가 있다.

우선 노력은 앞에서 살펴보았듯이 무작정 노력하는 것이 아니라 성장 마인드셋이 바탕이 된 상태에서 노력해야만 한다. 고정 마인드셋을 가진 사람은 노력을 할수록 실패 경험이 내 발목을 잡아 오히려 노력을 안하는 방향으로 움직이는 역효과가 발생한다. 성장 마인드셋은 모든 것에 바탕이 되는 것이니 항상 자각하고 내재화해야 한다.

올바른 방법이란 오직 자신에게 맞는 방법을 의미한다. 사람이 다른 생명체와 구별되는 요소 중 하나는 개체성이 매우 높다는 것이다. 다른 동물, 식물도 개별 개체성이 있겠지만 인간보다는 구별되지 않는다. 우리는 인간이 개개인, 한 명 한 명이 의식적 존재로서 서로 완전히 다르다는 것을 안다. 하지만 사회적으로는 개체성을 존중받지 못하는 경우가 많다. 그래서 다른 누군가처럼 살기를 강요받는다. 강요받은 개인은 수없이 많은 자기계발 도서를 읽고 그들처럼 되기 위해서 애쓴다. 자기계발서의 대부분은 누군가가 자신에게 맞는 방법을 찾았으니 나처럼 해 보라는 내용이다. 그것은 저자의 방식이지 독자의 방식이 아니다. 문제는 우리가 지식을 자신의 것으로 만드는 훈련이 안 되어 있다는 것이다. 어쩌면 사회적으로 정답만을 강요받아 왔기 때문일 수 있다. 하지만 어떤 지식도 자신의 것으로 내재화하는 것이 가장 중요하다. 여기서 많은 사람들이 실패를 경험한다.

사람은 기계가 아니다. 기계처럼 모델링하여 잘되는 부분도 있지만 그렇지 않은 부분도 많다. 우리가 서로 다름을 반드시 인정해야 한다. 다름을 분별할 수 있어야 한다. 결국 학습과 변화라는 관점에서 우리 개개인은 오직 자신만의 방식을 스스로 찾아야 한다. 만약 공부에 절대적인 법칙이나 방법이 있었다면 누군가가 찾아냈을 것이고 모든 사람이 그것을 적용하고 있을 것이다. 하지만 여전히 많은 사람들이 "공부 어떻게 하나요?"라고 질문한다.

실패와 성공 경험을 통해 자신만의 학습 방법을 찾아가는 것이 가장 좋겠지만, 그게 쉽지 않은 경우도 많다. 그래서 여기서는 자신만의 학습법을 찾을 수 있도록 도움을 주는 실용적 도구를 소개하려 한다.

기질 분석과 관련한 다양한 분석도구가 있다. 대부분의 도구들은 상황을 부여하고 어떤 행동을 하는지를 분석 하지만 다음에 소개할 에니어그램은 같은 행동을 하더라도 그 사람이 어떤 동기로 그 행동을 했는지를 파악한다.

예를 들어 같은 자동차를 구입해도 사람마다 그 자동차를 선택한 이유는 다양하다. 자동차 디자인이 멋있어서, 다른 유형은 자동차 엔진이 공학적으로 뛰어나서, 또 다른 유형은 자신이 신뢰하는 사람이 추천해서, 누군가는 다른 사람들이 잘 사지 않는 독특한 차라서 구입하기도 한다. 이처럼 같은 행동이라도 왜 하는지를 파악하는 것이 에니어그램의 핵심이다.

학습이라는 같은 행동을 하는 데 있어 필요한 내적 동기를 파악해야 한다. 에니어그램은 이 부분에 있어 유용하게 쓰인다. 내가 에니어그램 강사자격을 취득하고 나의 유형에 맞는 공부법을 파악한 뒤 매우 놀랐다. 나는 평화주의자인 9번 유형이다. 평화를 원한다는 것은 반대로 인간관계 사이의 갈등을 회피하는 유형이라 혼자 공부하는 것이 이로운 유형의 사람이다. 누군가와 함께 공부하면 어떤 갈등 상황이 생기는 것에 대해 신경 쓰게 되어 공부에 몰입하기 힘들기 때문이다.

학창시절 재수를 할 때 처음 한 달은 재수학원을 갔다. 당시 분위기는 혼자해서는 절대 성공할 수 없고 당연히 학원을 가야 한다는 것이 정설이었다. 하지만 처음 한 달을 다니고서 스스로 불안함과 의구심이 들었다. 이대로 8개월을 보내면 진심으로 성공할 것 같지가 않았다. 나름 유명한 학원이었고 그곳에 대한 특별한 불만이 없었지만 나와는 맞지 않는다는 느낌이 들었다. 그래서 학원을 그만두고 독서실을 다니며 혼자 공부했다.

부모님도 많이 불안했겠지만 내가 강하게 주장하고 설득했다. 그때의 결정이 내 인생을 바꾼 용단이었다고 생각한다. 그것은 나라는 사람을 존중한 아주 큰 결정이었다. 만약 내가 그때 남들이 하던 대로 학원을 다녔다면 반드시 실패했을 것이다. 다른 사람에게 올바른 결정이라도 나에게는 올바르지 않는 결정이 있는 것이다. 그 당시에는 불확실성을 가지고 아주 어렵게 선택한 일이었지만 만일 에니어그램에 대해 미리 알았더라면 결정이 더 용이했을 것이다.

이후 나의 내적 동기를 알고 학습 방법을 안내받는 것이 가치 있다고 생각했다. 무조건 혼자 학습하라는 의미가 아니다. 혼자 공부하면 효율이 떨어지는 유형도 있다. 실제로 이것과 관련하여 학습 코칭을 진행하면서 다양한 사례를 보았다.

P군은 고등학교에 진학하며 공부를 열심히 해야 한다는 생각에 기숙사를 지원했다. 하지만 P군은 하루 종일 수업 듣고 칸막이가 있는 공간에서 혼자 공부하는 것이 집중이 안되어 나를 찾아왔다.

그의 에니어그램 진단 결과는 다른 사람들과 어울리고 자신이 아는 것을 다른 사람들에게 설명하면서 공부해야 효율적인 유형이었다. 그의 과거 경험을 보아도 학원에서 친구들과 함께 공부할 때가 능률이 높았다. 아마 P군이 이 사실을 미리 알았더라면 자신에게 맞지 않는 환경으로 가지 않았을 것이다. 기숙사 생활을 하면서 더 집중해서 공부하라는 좋은 의도로 결정을 내린 것이겠지만 자신의 특성을 이해하지 못하면 잘못된 결정을 내릴 수 있다.

정확한 학습 방법 가이드를 위해서는 보다 자세한 설문을 해야 한다. 그리고 설문지와 작성자가 완벽하지 않기에 결과를 100퍼센트 확신해선 안 된다. 대신 설문을 통해 필터링한 유형에서 전문가와 함께 자신의 유형을 찾아가는 과정과 시간이 꼭 필요하다. 그래야 세부 사항별 구체적인 협의 과정이 생긴다. 하지만 여기서는 개별 진행이 힘들기 때문에 설문보다는 큰 맥락 속에서 자신의 학습 유형을 스스로 선택해 보는 것으로 대체하겠다.

아래의 아홉 가지 유형 설명을 읽고 자신과 가장 가까운 유형을 선택하라. 자신이 되고 싶은 유형을 선택하는 것이 아니라 평소 자신의 모습과 가까운 것을 찾는 것이다. 모든 사람은 아래의 아홉 가지 유형의 속성을 모두 가지고 있다. 다만 발현되는 정도가 다르고 가장 중심이 되는 유형이 있다. 아래의 내용은 유형별 집착과 회피 지점을 설명하였다. 내용을 읽고 충분히 음미해 보길 바란다. 그리고 아홉 가지 중에서 당신을 가장 잘 설명하고 있는 유형을 두세 가지 선택하자. 내용은 한국에니어그램협의회 김태흥 소장의 《걱정만 하는 부모 말하지 않는 아이》을 참고하였다.

1번 │ 완벽에 집착하고 부족한 것을 회피하는 유형

모든 일에 올바른 원칙을 가지고 공정하게 처리하는 것이 중요하다. 그래서 올바르지 않고 완벽하지 않은 상황에 스스로에게 분노가 올라올 수 있다. 자신이 완벽해야 하기에 긴장을 많이 하고 성인이 되면 주변 사람들에게 원칙을 끊임없이 설교하고 가르치려 할 수 있다.

이들은 완벽함에 집착하는 사람이다. 자신에 대한 완벽이기에 분노가 자신을 향한다. 예를 들어 책장에 책이 거꾸로 꽂혀있다면 반드시 바로 고쳐야 하는 유형이다. 책장을 깔끔하게 하고 바로 잡은 뒤 다음 행동으로 넘어갈 수 있다. 실패에 대한 불안으로 강박적 증상이 발현되기도 한다.

2번 │ 사랑에 집착하고 자기 욕구를 회피하는 유형

다른 사람에게 도움이 되고 배푸는 것에 집착하는 유형이다. 그래야만 자신이 가치 있는 사람이 된다고 생각한다. 마음이 따뜻한 사람으로 보이려 하고 정이 많다. 사람들과 교류하는 것을 좋아한다. 그리고 타인의 요구를 잘 들어주고 그들의 감정에 잘 공감한다.

이들은 사랑에 집착하는 사람이다. 자신의 도움에 감사를 표현하면 아주 힘이 나지만 반대로 돌아오는 것이 없으면 아주 서운하고 힘들어 할 수 있다. 그리고 정작 자신이 원하는 것을 모른다. 타인에게 맞춰 주느라 자신의 욕구를 알지 못하는 경우가 많다. 예를 들어 연인관계라면 상대에게 퍼주려다가 균형을 잃고 실패하기 쉬운 유형이다. 사랑받기 위해서 이타적이고, 보살피며, 상냥하고 베풀어야만 한다는 집착이 관계를 힘들게 한다.

3번 │ 성공에 집착하고 실패를 받아들이지 못하는 유형

성공한 사람이 되어 타인에게 인정받는 것이 중요하다. 성공을 위해서라면 경쟁하고 열정적으로 일할 수 있다. 목표를 이루기 위해서 무엇이 효율적인지 알고 있다. 그래서 무능한 사람과 함께 일하는 것을 힘들어 한다.

타인에게 보이는 것이 중요하기에 상황에 맞게 자신을 연출할 수 있다. 반대로 자신이 실패한다는 것을 극도로 싫어하고 인정하지 못한다. 그래서 회사와 같은 조직에서 일중독이 되기도 한다. 사람보다는 일 중심으로 판단할 수 있다. 특히, 기획과 같이 타인이 볼 때 그럴싸한 일에는 동기부여가 되지만 누구나 할 수 있는 일을 하는 것은 힘들어 한다.

4번 │ 독특함에 집착하고 평범함을 회피하는 유형

특별한 사람이 되는 것이 중요하다. 예술가와 같이 섬세하고 감수성이 풍부해서 남다르게 깊은 감정을 경험한다. 창의적이고 상상력이 풍부하다. 자신의 독특함을 이해하는 사람들과는 깊이 교류하지만 그렇지 않고 틀, 규율, 통제를 강요하면 아주 견디기 힘들어 한다.

특별함에 집착해서 평범함을 받아들이지 못한다. 예를 들어 예술가들의 경우 남다른 감수성을 바탕으로 창조적 활동을 해내곤 하는데, 이 유형이 그렇다. 감정 기복이 심하고 우울함을 깊게 느끼지만 이것을 이겨내고 극복하면서 창의성이 발현된다. 자신만의 철학적 세계를 구축하고 남들은 인생에 대해서 잘 모른다고 생각할 수 있다.

5번 │ 지식에 집착하고 공허함을 회피하는 유형

관찰하는 능력이 뛰어나고 자신의 내면에 머물면서 자신의 관심사를 깊이 탐구하기를 좋아한다. 그래서 자신만의 영역이 필요하다. 보통은 말수가 적은 편이고 사적인 대화는 흥미를 느끼지 못하지만 자신의 관심사에 대한 지적인 토론은 즐긴다. 그래서 친목을 위한 회식을 매우 싫어한다.

다양한 분야의 지식을 알고 현명하고 지혜로운 사람으로 평가받고 싶어 한다. 건강하지 않은 경우 자신만 정보를 독차지하고 나누지 않는다. 이들에게 사교적이 되라거나 외향성을 요구하는 것은 좋지 않다.

6번 │ 안전에 집착하고 일탈을 회피하는 유형

안전함과 확실함을 추구하는 사람이다. 그래서 인간관계에서 신뢰가 아주 중요하다. 법과 규범을 중시하고 외부 권위를 잘 따른다. 조직안에서 자신을 드러내지 않지만 근면하고 책임감 있게 일한다.

한번 신뢰를 쌓은 사람과는 오랫동안 관계를 지속한다. 안전이 중요해서 항상 최악의 상황을 생각하고 대비한다. 그래서 갑작스러운 변화나 도전, 일탈을 잘 받아들이지 못한다. 안전함에 집착하기 때문에 불안감을 더 예민하게 느낀다. 안전과 신뢰가 보장된 곳에서 충성을 다할 수 있는 사람이다. 돌다리도 두드려보고 건너는 유형이기에 계속해서 확인하고 의심한다.

7번 │ 즐거움과 재미에 집착하고 고통을 회피하는 유형

삶의 재미를 쫓아서 늘 바쁘게 사는 사람이다. 무슨 일이든 쉽게 배우는 다재다능한 사람이기도 하다. 반대로 쉽게 실증이나서 한 가지를 오랫동안 지속하지 못하기도 한다. 에너지가 넘치고 긍정적이며 반짝이는 아이디어와 미래를 설계하는 것도 좋아한다. 풍부한 유머와 쾌활한 성격으로 주변 사람들을 즐겁게 해주는 분위기 메이커다.

고통을 회피하기에 평범하고 변화가 없는 반복적인 일을 하기 싫어하며 스릴과 모험이 가득한 신나는 삶을 살기를 원한다. 강의를 하거나 특정 모임이 있을 때 이 유형 사람들이 많으면 화기애애한 분위기가 만들어진다. 이들에게 중요한 것은 즐거운 분위기이기 때문이다. 즐거움에 중독되어 폭음, 폭식을 하기 쉬운 유형이다.

8번 │ 강해야 한다는 것에 집착하고 약함을 받아들이지 못하는 유형

힘 있는 강한 사람이 되고자 한다. 그래서 자기주장이 강하고 다른 사람들을 통제하고 지배하려는 경향이 있다. 분노가 생기면 바로 직설적으로 밖으로 표출한다. 또한 자신감과 결단력이 있어 발표와 같은 것에도 긴장하지 않는다.

본능적인 직관이 매우 발달하여 직관적으로 결정하고 위험을 감수하고 한계를 시험하기를 좋아한다. 반대로 자신보다 약하다고 판단되는 사람에게 통제 당하면 아주 힘들어한다. 자신의 약함을 받아들이기 힘들다. 강한 추진력이 있어 조직에서 누구보다 성과를 낸다. 리더가 되기 위해 편을 가르기도 한다.

9번 │ 평화에 집착하고 갈등을 회피하는 유형

조화와 균형이 중요하고 무엇보다 갈등을 회피한다. 타인의 말을 잘 경청하고 이해심과 포용력이 있어 사람들이 편안하게 느낀다. 이들은 모든 관점에서 이해하려하기에 주로 사람들 사이에서 중재를 잘하고 화합을 도모한다.

이것도 맞고 저것도 맞다 생각해서 결정하는 것에 어려움이 있다. 그래서 우유부단한 사람으로 보이기도 한다. 이들은 모든 사람과 갈등 없이 조화롭게 지내는 것이 가장 중요하다. 그래서 예민한 성격의 사람을 배우자로 삼으면 아주 힘들어 할 수 있다. 평화에 집착하기 때문에 갈등 상황에서 도망가려 한다. 자신과 직접적인 갈등이 아닌 자신의 속한 사람들끼리의 갈등도 힘들어한다.

지금까지 아홉 가지 유형에 대한 설명을 했다. 이 중에서 자신과 가장 가까운 유형을 선택해 보자. 아래에 각 유형에 맞는 공부법의 핵심을 모아 보았다. 자신이 선택한 유형의 내용을 참고하기 바란다. 모든 내용을 그대로 따라하는 것이 아니다. 내용을 보고 자신에게 적합한 부분만 추출하여 적용해야 한다.

1번 | 완벽주의자 유형: 원칙을 지키고 최선을 다하는 공부법

— **핵심**: 공부 규칙, 습관이 가장 중요하다. 잘못된 규칙도 지키기 때문에 바른 규칙을 제대로 가르치는 것이 효과적이다. 공부법이 꼭 필요한 유형이다.

— **동기부여**: 책임감이 높아 스트레스를 받으니 과도한 과제는 지양하길 바란다. 결과보다 과정의 재미를 알게 해야 한다. 자책하지 말고 융통성을 발휘해야 한다.

— **환경**: 공부 전 정리 정돈된 상태가 필요하다. 기초부터 철저히 하고 1:1공부가 효과적일 수 있다. 긴급한 일을 만들지 않도록 예방하는 것이 좋다.

2번 | 사랑주의자 유형 : 다른 사람에게 도움 주며 공부하는 공부법

— **핵심**: 인간관계 영향을 많이 받으므로 함께 하는 것이 좋다. 그리고 타인을 도울 수 있도록 역할을 정하면 좋다.

— **동기부여**: 비난을 받으면 실패하기 쉽다. 칭찬과 따뜻한 미소가 필요하다. 특별히 주변인과의 관계가 동기부여이며, 타인에게 좋은 모습을 보이려 애쓰는 것이 장애가 된다. 자신을 위한 시간을 먼저 배려하고 다른 사람들의 필요를 채워주는 방식을 습

관화해야 한다.

— **환경**: 주변의 인정과 칭찬, 배려가 중요하다. 주위 환경을 편안하게 조성하고 질의응답, 파트너와 상호 작용이 있는 방법이 좋다. 그룹 공부가 긍정적이고 서로 배우고 가르치는 방법이 효과적이다.

3번 │ 성취주의자 유형 : 목표를 향해 경쟁하는 공부법

— **핵심**: 성취 지향성이 강해 중요한 것은 목표이고 늘 공부 계획을 세우고 글로 쓰게 하면 큰 효과가 난다. 세세한 부분까지 계획하고 표를 만들어 단계별로 공부하게 하면 효과가 배가 된다.

— **동기부여**: 경쟁심이 강해 성과를 이루면 보상을 해줘야 한다. 도전적이고 진취적이며 성취욕구가 강해 자발적이고 좋은 성적을 위한 조치를 스스로 강구하여, 맨투맨 접촉보다는 방어적 보호가 필요하다. 결과 지상주의가 과도한 스트레스를 유발하니 완급조절이 필요하다.

— **환경**: 과목별 참고서, 문제집, 동영상 등 다양한 자료 활용해서 효율을 높인다. 핵심요약이나 새로운 문제 유형 위주 공부가 효과적이다. 그룹 과외나 학원 등에서 여러 명이 같이 목표 세우고 경쟁하도록 하는 것이 도움된다.

4번 │ 독특한 아웃사이더 유형 : 창의적이고 독특하며 감성적인 공부법

— **핵심:** 가장 큰 특징은 특별함이고 자신도 특별하다고 생각하고 그것을 고집한다. 도도하고, 우아해 보이려 하는 것이 인정받지 못하면 상처를 입을 수 있다. 자신만의 방법으로 공부를 하고자 한다.

— **동기부여:** 무조건 외우는 식보다는 이미지나 상징을 사용하는 방법이 효과적이다. 암기식보다는 스스로 공부한 것을 물어보고 칭찬하는 것으로 충분하다. 감정적으로 민감하여 외롭거나 쓸쓸한 감정을 가질 수 있다. 권위적으로 누르기 보다는 이해하고 사랑받고 있다고 느끼면 즉시 시험에 집중한다.

— **환경:** 조용한 클래식 음악이나 자연의 소리가 효과적이다. 방도 본인의 독특함에 맞추어 꾸며준다면 더 좋다. 공부 분위기는 원하는 대로 해주되 공부방법은 교과서와 교사의 가르침을 따르도록 해야 한다. 강압적인 규칙은 도움이 안된다.

5번 │ 현명한 관찰자 유형 : 이성적으로 지켜보는 공부법

— **핵심:** 탐구적인 원리 공부법이 필요하다. 주변의 시선을 부담스러워하고 나서는 일에 관심이 없다.

— **동기부여:** 차근차근 논리적으로 설득하면 동기부여가 되고 공부법도 원리는 설명하고 이해시키면 받아들이고 실천한다. 빨리빨리 재촉하는 것은 금물이다. 차분하고 조용한 분위기를 만들

어주고 기다려야 한다. 무조건 시키는 명령은 독이 될 수 있다. 현재보다 미래가 중요하여 성취했을 때의 모습을 그리는 것이 좋다. '왜?'라는 질문 때문에 진도가 안 나가기도 한다.

— **환경**: 조용한 환경에서 깊이 있게 생각하도록 참견받지 않는 독립된 공간이 필요하다. 참고서나 동영상 등을 활용해서 혼자 하는 방법이 좋다. 관심 분야에 몰입해서 시간을 다쓰는 경우가 많다. 마감 시간을 정하고 몰두하는 힘의 완급을 조절해야 한다.

6번 │ 충직한 충성가 유형 : 성실하고 조심스러운 공부법

— **핵심**: 두려움이 생기기 전에 미리 대비하는 것이 필요하다. 어떤 선택이 최선인지 고민하느라 머리가 복잡하여 스스로 선택하기보다 주변의 멘토에게 의존하기도 한다.

— **동기부여**: 안전을 우선으로 생각하기에 불안한 상황을 만들지 않으려 한다. 준비물도 미리 챙겨야 한다. 불안한 상황을 경계하므로 안심이 필요하다. 새로운 상황에 신중하고 시간이 걸린다. 막히는 부분이 생기면 불안해한다. 하나씩 하게하고 누구나 겪는 과정임을 인지시켜줘야 한다.

— **환경**: 변화보다는 오래되고 익숙한 환경이 좋다. 세세한 항목까지 놓치지 않고 공부한다. 배우기 앞서 아는 것을 확인하는 것이 좋다. 너무 안전한 것에 집중하기 보다는 도전적인 부분에 시간을 투입할 필요도 있다.

— **핵심**: 호기심이 많고 사물에 다양한 관심을 보여 한 가지에 만족하지 않고 다른 것들을 생각한다. 긴 시간 지루한 설명식 수업은 고통스러워 한다.

— **동기부여**: 긴 시간 집중하거나 촘촘하게 짜인 규칙을 따르게 하면 고통 받는다. 짧은 시간을 주어 자신이 하고 싶은 것을 하도록 해야 한다. 친구와 의견을 나누거나 토론식이 잘 맞는다. 싫증나지 않도록 배려해야 한다. 계획을 잘하고 결심도 하지만 실천이 잘 안된다. 마감 시간을 정하고 결과 달성 시 보상을 주는 것이 중요하다.

— **환경**: 보고 듣고 읽고 다양한 방법으로 상황을 즐기면서, 중간에 흐름이 끊겨도 상관없다. 공부시간이 길지 않아도 된다. 미래를 생각하며 즐거움을 찾으므로 계획과 비전 설정이 큰 도움을 준다.

8번 | 강한 도전자 유형 : 누구보다 강해 보이는 공부법

— **핵심**: 강함을 좋아하며 마음 내키는 대로 공부하는 습관을 갖기 쉽다. 친구, 부모, 교사도 어려워하지 않는다. 공부습관을 잘 들이면 태산 같은 결과를 낸다.

— **동기부여**: 무엇을 원하는지 명확하게 설명해야 한다. 도전을 좋아하고 독립적이라 시키는대로 따라하기보다 스스로 하기를 원

한다. 힘을 사용할 수 있는 분출구가 있는 것이 좋아 스포츠가 좋은 대안이 될 수 있다. 공부의 속도가 빠르고 양이 많아도 잘 따라간다.

— **환경:** 넓고 확 트인 곳에서 방해받는 것을 치우고 신체적 움직임이 가능하면 좋다. 끝장을 보는 올인 형이다. 과목별 격파를 목표로 실천한다. 혼자서도 할 수 있고 같이도 할 수 있지만 주도성 확보 여부가 중요하다. 중요한 것을 먼저하고 남는 시간을 다른 것에 사용하는 지혜가 있다.

9번. │ 평화주의자 유형 : 온화하고 평화가 유지되는 공부법

— **핵심:** 사람 관계에서 갈등을 일으키지 않고 불편한 상황을 잘 참고 계속할 수 있는 지구력을 가진 대기만성형이다. 상처를 받지 않도록 조심스러운 조언이 필요하다.

— **동기부여:** 환경에 큰 영향을 받지 않고 주변에 사람이 많든 적든 별로 구애를 받지 않는다. 싫어도 싫다는 표현을 안한다. 갈등이 없어도 사이는 나빠질 수 있다. 느긋하고 서두르지 않고 침착하고 꾸준하다. 무엇인가를 정하지 않고 편안한 환경을 선호한다. 목표를 세우게 하고 동기부여를 잘해주면 큰 에너지가 나온다. 갈등을 유발하는 언어나 행동을 삼가고 우호적인 분위기를 만들어주는 것이 중요하다.

— **환경:** 환경에 영향을 받지 않는 편이나 시간 관리는 필요하다.

요약·정리하는 것이 필요하다. 공부를 혼자 하는 편이 효율적이다. 저녁 식사 후에 집중이 잘 된다. 짧은 시간 집중하더라도 꾸준하다. 시간이 지나야 성과가 나온다.

공부법은 하나의 도구이므로 실용적으로 활용해야 한다. 많은 사람들이 성격을 바꾸려 하는데 그것은 잘못된 접근이다. 타고난 자신을 발견하고 그것을 개발해서 강점으로 활용하는 것이 효율적인 방법이다. 성격은 바뀌지 않지만, 인성이 바뀐다는 말이 있다. 내 성격을 건강하게 발현하도록 돕는 것이 필요하다. 그렇지 않으면 자신의 약점만 부각되고 노력할수록 더 좌절하는 경우가 생길 수 있는 것이다.

기질 검사를 하는 이유는 내가 어떤 문제가 있을 수 있는 사람인지를 알고 그것을 이겨내고 극복하기 위함이다. 그렇지 않으면 나를 합리화하는 도구가 될 뿐이다. 처음 제시한 유형별 집착과 회피는 내가 가진 심리적 틀이다. 나는 이 틀을 직면하고 이겨내야 성장할 수 있다. 더 나은 내가 되기 위해 나의 문제를 발견하는 것이다. 그래서 이것을 읽고 반드시 해야 할 것은 어떤 부분이 나의 발목을 잡았는지를 발견하는 것이다.

그리고 유형별 내용은 문제를 해결하기 위한 제안이다. 같은 공부를 하더라도 사람마다 제각기 하는 이유가 다르다. 내가 어떤 부분에 동기부여가 되는지 파악해야 한다. 그러면 내가 이 행동을 하는 이유가 생기고 다른 사람들을 따라 할 필요가 없어진다. 내가 지금 하고 있는 방법이 나에게 적합한 방식인지를 내용을 참고해서 다시 한번 검토해 보자.

04

누구나 할 수 있는
몰입 훈련

몰입을 쉽게 풀어서 설명하면 내가 가진 에너지를 하나의 활동에 집중하는 것을 의미한다. 일상생활을 예로 들면 운동할 때, TV 볼 때, 흥미로운 게임을 할 때, 혹은 마감 시간을 앞둔 업무 등 우리는 누구나 몰입 상태를 경험한다. 수많은 명상 기법들도 사실 이 몰입된 상태를 유도하는 것과 유사하다. 시각적으로 하나의 지점을 응시하기도 하고 청각적으로 어떤 만트라를 암송하기도 한다. 또는 호흡에 집중하기도 한다. 대상을 정하고 그것에 완전히 집중하는 방법이다.

우리는 평소 모든 분야에 몰입하지는 않는다. 일반적으로는 비판적인 사고를 한다. 기존에 내가 습득한 가치 기준과 신념을 바탕으로 비교, 분석, 평가하는 것이다. 이러한 필터 작용이 있어야만 생존과 번식에 쉬웠을 것이다. 왜냐하면 비판적 사고 없이 모든 것을 있는 그대로 받아들이는 것은 아주 위험하기 때문이다. 나에게 해롭거나 위험한 것들은 무의식 속에 저장해 놓고 비판적으로 걸러내야만 한다. 이렇듯 우리는 필터링 활동들에 많은 에너지를 소모한다.

반면에 중요하다고 판단하는 것이 생기면 비판적 사고보다는 집중하는 것을 선택한다. 비판적인 의식을 내려놓고 한 가지 경험에 모든 것을 집중한다. 이렇게 몰입하면 대상과 경험을 있는 그대로 받아들이는 상태에 들어간다.

돌이켜보면, 나는 학창 시절 축구할 때 몰입을 자주 경험했다. 그 순간만큼은 잡생각이 들지 않았다. 온전히 축구라는 경험 자체가 목적인 상태였다. 이것이 극도로 잘 이루어지면 내가 집중하는 활동과 하나가 되는 경험을 한다. 물아일체라는 용어가 딱 들어맞는 순간이다. 우리의 의식은 항상 무언가를 감시하는 활동을 하고 있는데 그런 비판적인 사고에 대한 에너지마저 몰입하는 데 사용하는 것이다. 즉, 내 의식과 무의식 할 것 없이 나의 거의 모든 에너지를 하나의 대상에 집중하는 상태다.

다소 영적이고 신비스러운 체험이라는 생각이 들 수 있다. 왜냐하면 우리가 세상을 인식하기 위해서는 분리가 필요하다. 나와 너의 구분, 마치 컴퓨터가 0과 1의 구분으로 시작해 복잡한 활동을 해내는 것과 같이 처음 시작은 이 분리로부터 시작한다. 시각적으로 뇌가 가장 에너지를 많이 투입하는 부분 중 하나가 '경계'라고 한다. 어디까지가 얼굴이고 어디까지가 아닌지와 같이 분리를 위해 수없이 많은 경계를 인식하는 것에 대부분의 에너지를 집중한다. 그것이 그만큼 중요하기 때문이다. 몰입은 이러한 '분리되어 있다는 착각'이 사라지는 경험이기에 신비롭게 느껴지는 것이다.

그래서 몰입을 하고 나면 시간이 왜곡되게 느껴진다. 또한 도파민과 세로토닌과 같은 호르몬 수치가 높아져 그 자체로 보상이 있고, 기억 증진에 도움이 되기도 한다. 그래서 몰입에 중독이 되기도 하는 것이다.

배움에서 성과의 차이는 몰입하는 능력과 밀접한 관계가 있다. 같은 시간을 투자하더라도 질적인 차이를 내기 때문이다. 학습 효율은 지능보다는 몰입에서 차이가 생긴다. 실제로 어린 시절 독서를 많이 해서 책과 가까운 사람은 다른 사람들에 비해 글을 읽는 속도와 정확성에 차이가 있다. 속독 역시 쉽게 생각하면 몰입 훈련을 했다고 생각할 수 있다. 마찬가지로 몰입은 훈련을 통해 향상되는 하나의 능력이다.

몰입을 잘하기 위해서는 몰입 환경, 즉 언제 몰입이 잘되는가를 알아야 한다. 크게 네 가지 조건이 있다. 첫째는 규칙이다. 인간의 뇌는 인과를 연결하려는 속성이 있다. 어떤 사건이 일어나면 그 원인이 무엇인지 본능적으로 파악하고 연결시키려 한다. 규칙이란 이러한 인과를 연결하려는 욕망을 만족시켜준다. 그래서 하나에 집중할 수 있게끔 도와준다. 규칙이 없고 불규칙한 어떤 사건에 대해서 사람은 몰입하기보다는 불안함을 느낀다. 불규칙하기 때문에 그 이유를 찾느라 생각이 분산된다. 무언가에 몰입하기 위해서는 기본적으로 게임의 규칙이 정해져 있어야 하는 것이다.

저마다 몰입이 잘되는 환경이나 상황이 있을 것이다. 나만의 학습 방법을 찾는 것이 이러한 규칙을 정하고 그것에 맞게 학습하는 것과 관련한다. 학습 코칭을 하며 알게 된 사실은 생각보다 전략적 규칙 없이, 즉 아무 생각 없이 그때그때 되는대로 문제를 푸는 사람이 많다는 것이다. 학습계획과 관련한 규칙뿐 아니라 각 학습 내용별 문제를 풀기 위해서도 전략적 규칙이 있어야 한다. 당면한 문제를 무작정 읽어보고 그때서야 규칙을 세워 해결하는 것은 천재도 힘든 일이다. 이는 사회에서의 배움도 마찬가지다. 배운 것을 내것으로 만들기 위해서는 자신에게 맞는 전략적 규칙이 있어야 한다. 자신이 몰입하고자 하는 과제를 진행하는 데 있어, 자신만의 '규칙'이 있는지를 돌아볼 필요가 있다. 그것이 에너지 분산을 막아준다.

둘째는 적절한 난이도가 필요하다. 어떤 성취를 하는 데 있어 너무 어렵거나 너무 쉬운 경우 우리는 의욕을 상실한다. 사람은 누구나 성장하고 싶은 욕망이 있다. 너무 어려우면 그 노력의 양에 압도되어 포기를 하게 된다. 너무 쉬우면 성공하더라도 성장과는 관련이 없고 동기부여가 안 되기 때문에 시작하지 않으려 한다. 반면 내가 투입 가능한 노력의 양으로 해낼 수 있을 거라는 생각이 드는 난이도의 과제가 생기면 우리는 집중력을 발휘한다.

이 부분을 조금 더 구체적으로 살펴보겠다. 몰입이라는 경험은 상호작용을 통해 만들어진다. 이 또한 몰입의 주체인 '나'가 있고 몰입하기 위한 외부 '대상'이 있다. 그리고 이 둘 사이에서 하나가 되는 경험이

'몰입'이다.

여기서 몰입의 주체인 '나'가 가진 몰입을 위한 핵심 요소는 '능력'
이다. 그리고 몰입하는 외부 '대상'이 가진 핵심 요소가 바로 '난이도'
다. 내 능력에 비해 난이도가 너무 쉬우면 지루할 것이라 몰입이 힘들
다. 반대로 내 능력에 비해 난이도가 높으면 불안하고 두려울 것이다.
우리가 창조하는 이 경험이 몰입하는 경험이 되려면 능력과 난이도를
지루하거나 두렵지 않는 적당한 스트레스 선에서 맞춰주어야 한다. 지
금 나의 능력으로 몰입해야 해낼 수 있는 난이도를 선택하는 것이다.

지금 과제의 난이도가 높다면 해당 과제를 더 세분화해야 한다. 난
이도가 낮다면 더 수준 높은 과제를 만들어야 한다. 이렇게 현재 나의
능력으로 가능한 과제로 바꿔서 난이도를 맞추는 것이 몰입을 돕는
다. 이렇게 되어야만 선순환이 일어난다. 내가 설정한 과제의 난이도
가 이전보다 낮아졌다는 것은 내 능력이 올라갔음을 의미한다. 이 과
정을 반복하면 나는 더 큰 목표를 이룰 수 있다. 내가 몰입하는 순간
순간이 성장을 돕는 것이다.

그래서 자신의 수준을 파악하는 것부터 시작해야 한다. 갑자기 지
식이 마법처럼 늘어나는 경우는 없다. 단계를 거쳐 변화하는 것이 필
요하다. 나의 수준을 파악했다면 원하는 수준을 설정해야 한다. 그리
고 계속 몰입하는 과정을 통해 난이도를 올려가며 결국 원하는 수준

으로 도달해야 한다. 그래서 자신에게 적절한 난이도의 과제를 주는 것이 아주 중요하다. 자신의 수준을 생각하지 않고 너무 어려운 과제를 두고 도전하는 것은 몰입을 방해한다. 조금씩 성장하는 방향으로 자신을 놓아두는 것이 핵심이다.

셋째는 하고자 하는 동기부여가 필요하다. 여기서는 내재적 동기부여 위주로 설명하겠다. 동기부여는 목표를 정하고 스스로 스트레스에 들어가는 과정이다. 그래서 원하는 목표가 있어야 하고 스스로 선택해야 하며 집중을 위한 건강한 스트레스를 동반해야 한다. 배움은 스트레스를 동반하는 것이고 어느 정도의 긴장과 스트레스는 우리는 행동하게끔 만들어 준다. 이는 스스로 선택해야만 건강하게 활용될 수 있다. 다른 누군가를 위해서 혹은 시켜서 하는 것이 아니라 주체성이 발휘되는 상태이어야 한다.

보통 시작은 생존과 연관된 동기를 활용한다. 예를 들어 어떤 경험에 경쟁 요소가 있으면 더 몰입할 수 있다. 경쟁이란 인류가 생존하기 위해 꼭 해야만 했던, 우리의 근원적 본능을 자극하는 활동이기 때문이다. 살아남기 위해서라는 이유를 무의식이 인지하는 것이다.

나는 사람에 따라 생존과 연관하는 동기 요소가 다양할 것이라 생각한다. 사람에 따라 경쟁이 몰입을 방해하는 경우도 있기 때문이다. 나의 생존과 연관한 동기가 무엇인지를 파악하면 몰입하는 데 더욱 용이하다. 앞장의 에니어그램에서 이야기한 집착과 회피 지점을 활용하면 도움될 것이다.

여기서 가장 중요한 것은 동기부여 요소가 실패와 연결되면 안 된다는 것이다. 만약에 나를 몰입하게 하는 동기가 있어도 실패가 두려워서 마음을 더 산만하게 한다면 문제가 된다. 예를 들어 경쟁에서 실패하면 정말 삶이 무너진다고 생각하는 사람이 있다면 그 불안감 때문에 몰입이 더 힘들다. 이것은 중요성이 높아지기 때문이고 중요성이 높다는 것은 내 무의식이 중요한 쪽으로 에너지를 보낼 것이라는 의미다. 실패에 대한 불안으로 에너지가 투입되는 것이다.

이를 위해서 필요한 것이 결과에 구애받지 않는 순수한 동기다. 우리가 이미 장착한 성장 마인드셋이 도움을 줄 것이다. 가능하다면 행위와 경험 자체가 목표가 되는 것이 좋다. 결과가 어떻게 될지에 대해 집중하는 것이 아니라 그 결과를 만들기 위한 과정에 집중해 보는 것이다.

즉, 그것이 경쟁이든 즐거움이든 규칙이든 그것으로 무언가를 얻으려는 것이 아니라 그 자체가 목표일 때 몰입이 쉽다. 즐기는 사람 못 이긴다는 것은 이런 의미로 해석해야 한다. 그 과정 자체에 몰입할 수 있는 사람은 그 몰입 경험 때문에 성과가 난다. 배우고 성장하는 그 과정 자체가 목적인 것이 가장 좋다.

이러한 조건을 생각하지 않고 억지로 즐겁게 몰입하라고 아무리 강조해도 그렇게 될 리가 없다. 일뿐만 아니라 인간관계, 사랑, 돈, 행복

모두 마찬가지다. 그것을 얻기 위해, 결과 자체를 목적이 아니라 그것을 이루기 위한 과정에 순수한 동기가 필요한 것이다. 지금 내가 하고 있는 배움의 과정에서 순수한 동기가 어느 정도 차지하는지를 볼 필요가 있다.

넷째는 적절한 피드백 및 반응이다. 선순환을 일으키기 위한 보상이다. 자신이 지금 감수하고 있는 고통과 대가가 성장을 위한 과정이라는 것을 알려주는 보상이다. 게임으로 가정하면 어떤 아이템을 얻거나 다른 사람과 지속적인 교류가 생기거나 레벨이 계속 올라가거나 순간순간 재미있는 무언가가 계속 일어나는 것이다. 그 반응들이 지속적으로 자신을 몰입하도록 만들어 준다.

학습과 관련해서 이는 여러 가지 보상과 연결되어 있다. 부모나 주변 지인들이 자신의 존재를 인정해주는 보상, 결과에 대한 피드백, 풀지 못하던 문제를 푸는 느낌, 외적 보상, 성장에 대한 욕구 해소, 갈등 해소, 경제적 도움, 안전에 대한 충족, 성공 등 성취감과 관련한 피드백이 발현된다. 그것이 내 인생을 위한 긍정적인 피드백이라면 우리는 지속적으로 몰입할 수 있는 조건을 획득하는 것이다. 보상은 물질적인 것만을 의미해서는 안 된다. 대신 작더라도 스스로에게 부여할 수 있는 자기 통제감과 관련한 보상을 스스로 주는 것이 가장 좋다. 우리가 어떤 패턴을 형성하고 시도했을 때 이러한 보상이나 피드백이 없거나 약하면 원래대로 돌아올 수밖에 없다. 지금 내가 몰입하기가 힘들다면 과연 이 과정을 해나가는 데 있어 나에게 돌아오는 보상이 무엇인지를 구체화할 필요가 있다.

규칙, 적절한 난이도, 동기부여, 적절한 피드백 및 반응은 게임 요소와 일치한다. 게임을 하면서 몰입에 들어갈 수밖에 없는 것은 게임이 그러한 요소로 만들어져 있기 때문이다. 하지만 학습을 하면서 게임처럼 할 수는 없다. 오히려 지루하고 고통스러운 과정에 더 가깝다. 하지만 방법은 있다. 학습이 게임과 같을 순 없지만 조금이라도 더 재밌고 몰입되게끔 꾸밀 수 있다. 이러한 조건들을 내가 구조적으로 만들어 가야 하는 것이다.

나는 학습이라는 관점에서 몰입을 돕기 위해 추가적으로 두 가지 제안을 하려고 한다. 첫 번째는 학습하려는 내용이 내가 관심 가는 것으로 시작하라는 것이다. 만약 나에게 선택권이 있다면 꾸준히 배워도 질리지 않을 것 같은 분야, 평생 계속 성장하고 싶은 분야를 선택하는 것이다.

하지만 지금 당장 그럴 수 없는 사람도 있을 것이다. 자신에게 선택권이 없기 때문이다. 예를 들면 학교 시험같이 어쩔 수 없이 해야하는 일처럼 말이다. 이런 경우는 두 번째 제안을 하고 싶다. 그것을 해내는 과정에 나만의 계획과 나만의 전략을 가미하는 것이다. 결과가 아닌 과정을 내가 주체적으로 꾸미는 것이다. 하고 싶은 분야가 아닌데 꼭 해야만 한다면 이 방법을 꼭 제안한다. 원하는 목표를 얻기 위해서 그 과정에 나의 의도, 동기를 심어 게임처럼 만드는 것이다.

이 계획과 전략 안에 나에게 적합한 몰입 요소를 더하면 좋을 것이다. 이렇게 하는 이유는 내가 주체성을 발휘하게 해서 이 활동을 창조적 경험으로 바꾸기 위해서다. 몰입은 창조적 경험을 할 때 잘 발휘된다. 우리는 매 순간을 삶에서 일어나는 것을 수동적으로 경험한다고 생각할 수 있다. 하지만 반대로 생각해 보는 것은 어떨까. 내가 이 삶을 있는 그대로가 아닌 주체적으로 나만의 경험으로 매 순간 창조하고 있다고 말이다.

여기까지 되었다면 다음 단계로 넘어갈 수 있다. 앞에서 이야기 한 난이도를 조절하는 것이다. 그리고 이 조절은 하면 할수록 나의 능력을 바꿔줘서 이후에 진짜 몰입하는 게임을 가능하게 한다.

지금까지 몰입을 유도하는 요소와 조건들을 살펴보았다. 이것은 마음속에서 일어나는 일이긴 하지만 몰입과 관련해선 겉으로 드러나는 큰 구조물과 같다. 그리고 사람마다 다른 방식으로 이 뼈대를 채워나갈 것이다. 학습 상담을 하면서 이 뼈대를 채우는 데 있어서 방해가 되는 많은 내적 저항들이 있었다. 그래서 지금부터는 아래의 내용을 읽고 개별적으로 몰입을 방해하는 개별 사항들을 점검해 보기 바란다.

첫 번째, 명확하게 결정된 것이 있어야 한다. 선택에 대한 스트레스는 몰입을 막는다. 뇌는 선택지가 많으면 오히려 스트레스를 받는다. 애매하게 결정하지 않고 있는 것이 있다면 가능한 한 명확하게 결정하는 것이 좋다.

선택이라는 것은 여러 가지 중에 하나를 고르는 것이기도 하지만 반대로 생각하면 그만큼 많은 것들을 선택하지 않는 과정이다. 그것이 부담으로 작용하고 잘못된 선택을 할 가능성이 더 커진다. 그래서 선택권이 너무 많아지면 오히려 자신이 잘못된 선택을 할 것이라는 두려움에 빠지고 선택에 대한 만족도가 떨어진다. 이와 같이 선택의 대안이 많은 것이 행복도를 높이기는커녕 오히려 떨어뜨리는 것을 '선택 부담 효과' 혹은 '선택의 역설'이라 한다.

선택에 대한 관점을 바꾸어야 한다. 선택은 시작일 뿐이며 그 선택이 올바른 것인지는 선택한 이후에 결정이 나는 경우가 많다. 실제로 선택 자체가 결과를 보장하지는 않는다. 자신이 선택한 것에 대해서는 배수진을 치고 그것이 정답이 되도록 만드는 과정이 더 중요하다.

우리는 무언가 명확히 결정이 나지 않으면 스트레스를 받는다. 지속적으로 선택하는 것에 에너지를 쏟아야 하기 때문이다. 직장에서나 학업에서나 무언가 결정나지 않은 상태에 놓이게 되면 다른 일을 하는 데 힘이 든다.

직장에서 스트레스를 받는 경우는 업무가 너무 과중하거나 인간관계에서 어떻게 해야 할지 모르는 상황이 많다. 이럴 때일수록 자신이 할 수 있는 것과 할 수 없는 것을 나누고 자신이 책임지고 허용할 수 있는 부분과 그렇지 않은 부분을 나누어 책임질 수 있는 부분에 최선을 다하는 방법으로 결정을 내려야 한다. 내가 할 수 없는 부분까지 부담을 느끼지는 말자는 것이다.

학업도 마찬가지로 자신이 어디까지 할 수 있는지에 대해서 선택하고 결정하는 것이 필요하다. 공부법도 노력의 양도 선택하고 결정이 되어 있어야 그것에 맞게 노력하기가 쉽다. 그렇지 않으면 어떻게 해야 할지만 고민하다가 시작하지 못하고 끝나는 경우가 생긴다. 스스로에게 선택에 대한 부담을 없애 주는 것이다. 그리고 자신에게 맞는 공부법을 세팅하고 그것을 정답으로 만들어 가는 과정이 필요하다. 그리고 그 이후에 오류가 생기면 유연성을 발휘해서 조금씩 수정해 나가는 자세를 가져야 하는 것이다.

두 번째, 지금 이 순간에 집중할 수 있어야 한다. 앞에서 언급했듯이 결과에 대한 스트레스가 몰입을 막는다. 어느 정도 안전함이 보장되어 있어야 한다. 그래야 결과가 아닌 지금 현재 과정에 집중할 수 있다. 내가 학습에 집중하기에 안전함이 너무나 부족한 것은 아닐지 살펴봐야 한다. 예를 들어 지금 당장 생계가 보장되지 않는 상황에서 학습만 한다는 것은 심리적으로 쉽지 않은 일이다. 이런 경우 차라리 어느 정도 경제력을 위해 일을 하면서 학습을 병행하는 것이 심리적으로는 더 도움이 될 수 있다.

세 번째, 나에게 모든 책임이 있어야 한다. 주체성이 발휘되는 창조적 과정이어야 한다. 통제권이 외부에 있거나 남에게 있으면 몰입을 막는다. 만약에 게임을 하더라도 내가 싫어하는 사람이 억지로 시키는 상황이라면 하고 싶지 않을지도 모른다. 내가 하고자 하는 학습과 관련해서 모든 책임이 나에게 있는지를 살펴야 한다. 실제로 그렇다는 것이 아니라, 내가 그렇게 느끼고 있는지가 중요하다. 다른 어떤 핑계나, 탓을 할 수 있는 구조를 없애 버려야 한다.

네 번째, 내적 일치가 있어야 한다. 내가 하는 과정이 사회적으로, 외부에서 응원하는 일이어야 한다. 나에게 정당함이 있어야 한다. 노력을 통해 자신에게 정당함을 부여해야 한다. 내가 마땅히 성공해야만 하는 떳떳한 존재가 되어야 한다. 스스로를 응원할 수 있어야 한다.

다섯 번째는 도전성이다. 내가 대가를 지불하고 싶을 정도로 내 삶에 가치가 있어야 한다.

지금까지 말한 것을 감수할 만큼 의미가 있는가의 문제다. 그래야 내 욕망을 건강하게 이루고자 하는 동기부여가 만들어진다. 이 부분이 부족한 것은 아닌지 생각해야 한다.

자신이 지금 하고 있는 학습활동을 하면서 다섯 가지 요소들에 이상이 없는지를 살펴보는 것이 꼭 필요하다.

지금까지 몰입의 중요성과 몰입을 위한 외적, 내적 조건들을 살펴보았다. 조건들이 갖추어 진다고 해서 바로 몰입이 되는 것은 아닐지도 모른다. 이것은 조건이고 이 조건 속에서 조금씩 훈련해 나가는 것이 필요하다. 대부분의 경우 실생활에서는 어떻게 훈련하는지 알려주지 않는다. 하지만 몰입도 훈련으로 더 잘할 수 있다고 했다. 여기서 훈련이란 몰입 역시 계속 몰입 상태를 자주 경험할수록 그 상태에 더 쉽게 들어갈 수 있다는 의미다. 더 구체적으로 말하면, 학습과 몰입이라는 것을 지속적으로 연결시켜야 한다. 게임 할 때만, TV를 볼 때만, 무언가 즐거운 것을 할 때만 몰입하는 것이 아니라 학습할 때도 몰입하는 경험을 습관화해야 한다. 이를 위해서 평소 생활하며 훈련할 수 있는 몇 가지 방법을 소개하겠다.

1) 60초 안에 1~100까지 적기

1분 타이머를 정하고 그 시간 안에 백지에 1부터 100까지 빠르게 적어 나가는 것이다. 이것을 해내기 위해서는 아주 작은 글씨로 매우 집중을 해야만 한다. 시간제한이라는 것은 경쟁 상황에 빠트리고 이는 위기와 생존이라는 무의식과 연관된 부분을 자극하는 작용을 한다. 그래서 자동적으로 몰입 상태에 빠지게 만든다. 공부할 때보다 실제로 시험시간이 되면 훨씬 집중력을 발휘한다. 그것이 시간제한의 힘이다. 여기서는 60초안에 해내야 하는 미션을 수행하면서 몰입 상태를 이끌고 그 몰입된 상태를 유지하면서 학습을 시작하자. 이것을 학습을 시작하기 전에 하는 워밍업으로 계속 습관을 들이면 학습과 몰입이라는 상태를 연결시킬 수 있다.

특히 무언가를 학습할 때 가능하면 시간제한을 걸어두는 것이 좋다. 시간을 한정하고 그 안에 이것을 마무리하겠다는 목표를 정하는 것이다. 아무 생각 없이 시간을 소비하는 것보다 훨씬 몰입 훈련에 용이할 것이다.

2) 한 지점을 15초 동안 응시하기 또는 호흡에 집중하기

이것은 시간제한을 두기보다는 명상적 기법을 차용한 방법이다. 한 지점을 정하고 그것을 15초 동안 눈을 움직이지 않고 보는 것인데, 실제로는 쉽지 않다. 눈이 건조해지기도 하고 보통은 시야가 분산되곤 한다. 호흡도 마찬가지의 작용을 한다. 들숨과 날숨 길이를 동일하게 하면서 하나에 집중을 해 보는 것이다. 이것은 의식을 한곳에 집중시키기 위한 방편이며 눈꺼풀과 호흡은 의식과 무의식이 교차하는 지점이기에 더욱 효과가 발휘되는 부분이다. 이 역시 이러한 상태를 느끼고 그것을 유지하면서 공부를 시작하는 습관을 들이는 것이다. 나의 경우 주로 자기 전에 이 상태를 만들고 하루를 돌아보며 복습하는 것에 활용했다. 오늘 내가 어떤 것을 했는지 돌아보고 배운 것을 정리해 보는 것이다. 이는 시간 투자에 비해 아주 큰 도움이 된다.

3) 강사의 말 그대로 따라 하기

이는 몰입과 관련하여 많은 저서를 낸 황농문 교수가 강의에서 말했던 방법이다. 수업시간이나 특정 강의가 집중이 안 될 때 강사의 말을 마음속으로 따라하면 자동적으로 더 몰입된 상태가 된다. 이 또한 한 가지에 집중하는 방법이다.

4) 직접 유도

이는 최면술을 통해 직접적으로 몰입 상태에 들어가는 것이다. 그리고 최면 상태를 활용해서 몰입하는 자신의 모습을 생생하게 느껴보는 것이다. 이를 트렌스 상태 즉, 변성의식 상태라고 표현하는데 기술적으로 최면가의 도움을 받아 몰입된 상태를 경험해 보는 방법이다. 자기 암시기법과 같이 미래에 자신이 목표를 이루는 긍정적인 모습을 그려 보게 하는 방법이다. 즉 몰입된 상태에서 마음으로 원하는 미래를 실제와 같이 경험하고 확언한다. 간접적으로는 자기최면 관련한 유튜브 영상과 같은 방법을 활용할 수 있겠지만 나와 같은 전문가의 도움을 받는 것을 추천한다.

5) 속독법

속독한다는 것은 몰입과 관련한 많은 부분을 시사한다. 전략을 가지고 능동적으로 읽어 나가는 모습에서 속독 자체가 몰입을 하게끔 만든다. 최대한 빠르게 읽고 핵심 내용을 뽑아 내려는 의도가 몰입을 이끈다. 나의 경우 글이 있으면 가운데 가상의 선을 긋고 좌우 두 번의 시선으로 한 줄을 읽는 것을 연습했다. 이 또한 규칙적인 훈련으로 자신에게 맞는 방식으로 속독하는 방식을 찾는 것을 권한다.

몰입을 훈련한다는 것은 스스로 자기를 통제하도록 하는 과정이다. 나아가 대상에 대한 통찰과 이해, 지성을 적용하는 과정이 있어야 한다. 나는 학창시절부터 알아내고 적용했던 몰입을 지금도 요긴하게 사용하고 있다. 어떤 상황에서 몰입이 되는지 알고 몰입을 빠르게 할 수 있는 방법이 습관화된 것이다. 그러면 무의식은 더욱 쉽게 몰입을 이끌어준다. 그러면 시간이 급속도로 지나가는 것과 같은 몰입 증거를 느낄 수 있을 것이다. 몰입을 잘하게 되면 나만의 통찰력이 생긴다. 나만의 방식으로 콘텐츠가 나오는 것이다. 많은 사람들이 몰입을 경험하게 되길 의도한다. 그래서 배운 것을 내재화하는 자신만의 방정식을 찾길 바란다.

위의 몰입 방법 중에 자신에게 적용 가능한 부분을 두 가지 선정하자. 그리고 선정한 기술을 학습하기 전에 실시하고 그 상태를 유지한 채로 학습하는 것을 훈련하기 바란다. 변화는 한 번에 일어나지 않는다. 꾸준하게 하면 큰 효과가 있을 것이다.

05

변할 수밖에 없는
원리

사람들은 변화하고 싶고 더 성장하고픈 갈망이 있어서 배운다. 교육의 목적이 사람을 긍정적으로 변화시키는 것에 있다. 따라서 잘 배우기 위해서는 변화를 이해하는 것은 필수다. 변화에 성공하기 위해서는 이를 총체적 관점에서 바라봐야 한다. 배움에 있어서 당신이 놓치고 있는 부분이 무엇이었는지를 인식하길 바란다.

내가 상담이나 강의를 진행할 때 자주 나오는 질문이 있다. 사람의 성격이나 재능과 같은 것들은 타고나는 것인지, 환경으로 인해 만들어지는 것인지와 관련한 질문이다. 나는 '사람마다 유전적으로 타고나는 자신만의 특성들이 있고 그것이 살아가는 환경과 상호작용하는 과정을 통해서 강화하기도 약화되기도 한다'고 생각한다. 모든 것은 다른 무언가와 상호작용하는 과정 속에서만 설명 가능하다. 이는 우리가 타고나는 부분도 중요하지만 자신을 둘러싼 환경과 관련한 요소들을 간과해서는 안 된다는 의미이기도 하다. 나를 둘러싼 상황, 환경을 나에게 맞게 조정하는 것은 필수다.

어른이 된 이후에는 불필요한 긴장이나 애씀이 고착화된다. 그래서 그것을 없앨 수 있는 환경을 만들어 줘야 한다. 적합한 시간, 올바른 장소, 그리고 적절한 난이도의 단계별 과제가 있는 환경이 필요하다. 처음 시작할 때는 충분한 실패가 용인되는 곳이 필요할지도 모른다. 대부분의 사람들이 실패에 민감하다. 그래서 실패에 대한 두려움이 자동반사적으로 작용한다. 실패가 반복되면 자신감을 잃게 된다. 걱정이 일어난다. 어떤 사람은 공포증이 일어나기도 한다.

나는 영감을 받을 수 있는 카페나 상담소에서 주로 일한다. 그리고 재즈와 같은 음악을 들으며 일하면 더 많은 영감을 얻는다. 처음 학습할 때는 모든 것을 다 파악하려고 하지 않고 핵심 키워드만 연결하려 노력한다. 그리고 그 핵심들이 나에게 스며들게 하고 며칠이 지나서 다시 복기하면 새로운 생각들이 더 많이 떠오른다. 이렇게 계획했던 것이 실패하기도 한다. 하지만 이 경험을 통해 배울 점이 있기 때문에 괜찮다. 이런 관점을 가지면 오직 나는 배움을 통해 성장할 뿐이다.

진짜 실패는 과정 속에 있는 작은 실패를 진짜 실패로 착각하여 포기하는 것이다. 많은 사람들이 단기적인 실패에 함몰되어 인생에 큰 성공을 놓친다. 이러한 심리적인 요인들은 어린 시절 잘못 각인된 신넘이 있을 가능성이 크다. 이것은 어른이 되어서도 반복해서 자신을 괴롭힌다. 고착화된 마음은 잘 변하지 않는다. 이를 해결하기 위해 우선 자신이 그동안 학습하는 환경, 과정이 올바르지 못했음을 인정해야 한다. 올바른 과정과 환경에서는 긍정적인 학습경험이 가능하다. 어찌 보면 실패에 대한 반응은 사회가 강요한 가르침으로 인한 병폐다. 부정적이고 좌절감만을 안겨주던 경험을 긍정적인 경험으로 변화시킬 수 있어야 한다.

그래서 두려움을 극복하고 자신감을 심어주며 압박감 속에서 안정감을 가질 수 있는 환경이 필요하다. 이것이 자신에게 올바른 환경이다. 적절한 긴장이 나를 잡아먹는 것이 아니라 나를 몰입시키는 것이다. 그렇지 않은 환경에서 성과만 강요하면 압박감만 가중시켜 성장이 일어나지 않는다. 이런 상황에서는 불안만 증폭시키고 역효과만 난다. 잘해야 한다는 강박을 갖지 않아도 되는 것부터 단계적으로 시작해야 한다. 즉 성공하게끔 만드는 학습 환경을 잘 구조화했는지가 핵심이다.

교육과 관련한 일을 하면서 가장 힘들었던 것은 사람은 잘 변하지 않는다는 것이었다. 사람은 변화를 원하지만, 막상 변화가 눈앞에 오면 뒷걸음질 친다. 의식과 무의식이 부딪히면 대부분의 경우 무의식이 이긴다고 이야기한다. 이해를 돕기 위해 크기로 비교하면 골프공과 농구공의 차이라고 하는데 우리는 변화하지 않는 인간을 이해하기 위해 이 부분에 대해 깊게 생각해 볼 필요가 있다.

생애기간 동안의 경험은 신념으로 굳어 무의식에 각인된다. 무의식에 각인된 정보는 자신의 생존과 직결되는 가장 중요한 것이므로 일반적인 방법으로는 잘 바뀌지 않는다. 잘 바뀌지 않아야만 살아남을 수 있기 때문이다. 정말 중요한 것이라면 잘 바뀌지 않고 자동화해야만 생존하는 데 용이할 것이다. 어린 시절 무의식에 각인된 실패에 대한 좌절은 쉽게 다시 바꿀 수 있는 것이 아니다. 앞에서 이야기한 고정 마인드셋과 관련하여 표현하면 자신이 바보라는 것을 증명하지 않기 위해 노력하지 않는 것이 자신의 '생존 전략'일 수 있는 것이다.

행동 변화를 연구한 프로차스카는 변화에 단계를 적용한 모델을 제시했다. 변화란 겉으로는 한순간에 이루어지는 것처럼 보이지만 실제로는 다양한 단계를 거쳐야 한다. 단계별로 임계 수준 이상의 자극이 필요한 것이다.

이는 앞 단계를 거치지 않고서 다음 단계로 넘어가기가 힘들다는 것을 의미한다. 특정 단계에서 효과적인 방식이 다른 단계에 있는 사람에게는 전혀 효과가 없을 수 있다. 그래서 보통은 자신이 지금 어디에 있는지 모르기 때문에 적합한 자극을 받는 것이 힘든 경우가 많다. 장기적인 변화는 이처럼 쉽게 만들어지는 것이 아니다.

학습자의 단계에 맞지 않는 처방은 실제로 학습자를 변화시키지 못한다. 예를 들어 관심이 없거나 아직 변화 할지말지 고민하고 있는 사람에게 실행을 강요하는 것은 무리가 있다. 각 단계마다 그에 맞는 적절한 처방이 필요하다.

그렇기 때문에 학습자의 의지만 강요해선 안 된다. 실제로 학습을 하고자 하는 생각이 없는 경우 다른 사람과 같은 자극을 주는 것은 큰 의미가 없다. 그리고 간절한 마음으로 배우고 있는 학습자에게 불필요한 동기를 굳이 부여할 필요는 없을지도 모른다. 무작정 잘하고 싶다는 생각을 가지기 보다는 자신이 객관적으로 어떤 상태에 있는지를 아는 것이 필요하다. 그리고 그 상태에 맞는 가장 적합한 자극을 받았을 때에 단계에 맞게 성장하는 방향으로 나아갈 수 있다. 그래야만 정확한 원인이 무엇인지 알고 해결안을 찾을 수 있다. 즉, 자신의 상황에 맞는 환경과 자극을 찾는 전략이 반드시 필요하다.

변화를 위한 학습에서 가장 중요한 것 중 하나는 기억에 대한 원리를 아는 것이다. 기억이 없다면 우리는 정상적인 삶을 살아갈 수 없다. 학습은 곧 기억하기 위함이다. 기억이 있기에 삶이 연속적으로 이어지는 경험을 한다. 그리고 기억을 통해 성장할 수 있다. 이렇듯 기억은 우리에게 아주 소중하고 꼭 필요한 요소다.

학습한다는 것은 이미 기억하고 있는 내용을 조합해서 새로운 기억을 발견하는 과정이다. 즉, 기존에 아는 것을 바탕으로 새로운 것을 창조해가는 모습이다. 그래서 학습은 단순히 오감으로 수집한 정보를 종합하는 개념이 아니라 재해석하고 재창조하는 과정에 가깝다.

기억이라고 하면 보통 단기기억과 장기기억을 떠올린다. 우리는 어떻게 단기기억을 장기기억으로 만들지에 대한 고민을 해야 한다. 여기서는 쉬운 설명을 위해 장기기억을 의식적 기억과 무의식적 기억이라는 것으로 나누어 설명하고자 한다.

의식적 기억은 일반적으로 말하는 사람, 사물, 장소와 같이 사실과 사건에 대해 기억하는 것을 의미한다. 서술적 기억 또는 외현기억이라고 한다. 이는 단기기억이 전전두엽 피질에 저장되었다가 해마를 거쳐 변환되는 과정이다.

반면에 습관적이고 조건반사적인 기억은 무의식적 기억을 의미한다. 예를 들어 자전거 타기, 운전과 같이 솜씨와 관련한 기억이다. 절차적 기억 또는 암묵기억이라고 한다. 이는 소뇌, 선조체, 편도체에 저장된다.

쉽게 말해 의식적 기억은 주로 암기하는 것이다. 외우는 것, 사실관계를 기억하는 것을 의미한다. 반대로 무의식적 기억은 내 몸에 체화하는 것이다. 습득하고 습관화되어 몸이 무의식적으로 기억하고 있어서 애쓰지 않아도 발현되는 기억이다. 여기서 말하고자 하는 것은 이 두 가지 시스템이 다르다는 점이다. 뇌가 담당하는 부위가 다르고 기억하는 원리가 다르다. 그래서 우리는 이 둘을 각각 독립적으로 활용해야 한다.

학습은 단순히 의식적 기억으로만 변환하는 과정이 아니다. 오히려 의식적 기억을 무의식적 기억으로 만드는 과정에 가깝다. 배운다는 의미인 '학'이 의식적 기억을 하기 위한 과정이라면, 익히는 '습'은 무의식적 기억을 하기 위함이다.

서두에 쓴 이야기를 다시 떠올려 보자. 재수를 결심하고 20일가량 재수학원에 다녔었다. 당시 나에게 질문을 던졌다. 이대로 8개월을 반복했을 때 내 성적이 오를까? 안타깝게도 대답은 명확히 '아니요'였다.

나는 왜 실패했는지에 대해서 고민했다. 한 번도 결석하지 않고 학교, 학원을 다녔다. 생각해보니 대부분의 시간을 배우는 것에 사용했다. 그런데도 실패한 이유가 무엇이었을까. 아무리 생각해도 내용을 몰라서 틀리는 것이 아니라는 생각이 들었다. 답지를 보면 아는 내용이었다. '왜 알고 있는 것을 계속 못 찾는 거지?'라는 생각이 들었다. 답을 보고 바로 이해가 된다는 것은 그것이 내 안에 있다는 의미다. 이미 배운 것이다.

학습이란 글자 뜻 그대로 '배워서 익힘'을 의미한다. 그동안의 나는 배우기는 했는데, 익힘을 하지 않았다. 습득하는 데 시간을 투입하지 않은 것이다. 입력이 부족해서 망쳤다고 생각이 들지 않았다. 입력은 많은데, 즉 배운 것은 많은데 출력이 안되고 있다는 생각이 들었다. 내재화가 안 된 느낌이었다. 익히는 시간을 가지지 않은 것이다. 혼자 출력해보며 익히고 습득하는 시간을 확보하고 싶었다. 그래서 혼자 공부하기로 했다. 부족한 배움은 동영상 강의로 채우고, 대신 혼자 익히는 시간을 기존보다 3배 이상 확보했다. 나만의 방식을 고안했다. 과목

별로 전략을 짜고 그 전략대로 출력하는 연습을 계속해서 반복 훈련했다. 나에게 맞게끔, 되는 방법을 찾은 것이다.

일반적으로 대부분의 학습 경험은 의식적 기억과 무의식적 기억이 혼재되어 일어난다. 그래서 주로 의식적 기억을 위한 배우는 '학'을 하는 것에만 집중한다. 외우고 입력하는 것이다. 하지만 익히고 습득하고 출력해보는 '습'을 위한 시간을 투자하지 않는다. 나는 이것이 진짜 맹점이라 생각한다.

시간을 단축하는 가장 빠른 방법은 배우는 것과 익히는 것에 균형을 잡는 것이다. 입력하는 시간만큼 출력하는 시간을 확보하는 것이다. 의식적 기억뿐 아니라 무의식적 기억을 위해 투자하는 것이다. 사회에 나와 자기계발을 위해 많은 책을 읽었다. 하지만 그것이 내 삶에 스며들어 필요할 때 말로 나오지 않았다. 10년 넘게 좋은 책을 많이 읽었지만 사실상 쓸모가 없었다. 물론 이것이 이후에 '입력'이라는 것에는 도움이 되었지만, '출력'이 되진 않았다.

그래서 방식을 바꿨다. 한번 책을 그냥 읽는 것으로는 절대 내 것이 안 된다는 것을 인정했다. 대신 그것을 요약하고 글로 표현했다. 그래서 지금은 책을 읽으면, 중요한 내용이나 나에게 영감을 준 부분에 표시를 한다. 그리고 책을 다 읽은 후 다시 그 부분을 가지고 글을 쓰는 연습을 한다. 입력한 시간만큼 내가 내재화하고 출력하는 시간을 가지는 것이다.

이러면 상담을 하거나 강의를 할 때 훨씬 더 사용하기 용이하다. 실제로 내 삶에 도움이 되는 것이다. 그냥 읽을 때보다 훨씬 더 성장한 다는 느낌을 받는다. 핵심은 배우는 것과 익히는 것에 균형을 맞추는 것이다. 배운 만큼 익혀야 한다. 내 안에서 그것이 출력되는 것을 반복 경험하는 것이다. 이것이 가장 중요한 원리다.

지금부터는 각각의 기억을 효율적으로 하기 위한 팁을 살펴보자. 의 식적 기억을 무의식적 기억으로 변환하기 위해 꼭 필요한 것이 바로 지 속적인 반복이다. 특히, 휴식시간을 주면서 띄엄띄엄 떨어진 반복을 하 면 한번에 망각하는 것을 막고 장기기억으로 넘기기 더 수월해진다.

휴식 시간을 줘야 하는 이유는 단기기억이 장기기억으로 넘어가는 과정에 세로토닌과 같은 특정 단백질의 합성이 필요하기 위해서다. 예 를 들어, 4시간 암기한 후에 바로 다른 내용을 4시간 암기하면 앞 시 간에 외운 것은 장기기억으로 넘어가지 않는다. 단기기억 용량은 한정 적이어서 단백질을 합성할 시간이 부족하면 장기기억으로 넘어가지 못하고 단기기억에만 머물다가 사라지는 것이다.

그리고 띄엄띄엄 떨어진 반복 훈련은 연속적인 40번의 자극보다 4 일간 하루에 10번씩 가한 자극이 더 효과적이라는 의미이다. 단순히 양을 채우기보다는 빈도가 중요하다. 그래서 한번에 많이 하는 것보 다 자주 하는 것이 좋다. 이 또한 기억을 저장할 시간을 확보한다.

또한, 의식적 기억에 관여하는 해마는 시각, 공간, 오감과 같은 감각 정보로 활성화가 잘 되기 때문에 이와 자극을 연결하면 더 쉽게 장기 기억으로 넘어갈 수 있음을 기억하자.

장기기억으로 넘어가기 위해서는 특정 호르몬의 분비가 있어야 한다고 했다. 재밌는 것은 이러한 호르몬 분비만 막아도 노력과는 관계없이 기억이 다음 단계로 넘어가지 않는다는 것이다. 이러한 호르몬을 만들어 내는 것이 바로 중요하다고 판단되는 자극이다. 뇌가 흥미를 느끼고 이것은 정말로 중요하다고 판단이 들어야 호르몬이 나오는 것이다. 그리고 그 판단을 들게 하는 것이 바로 빈번한 자극, 즉 반복이다.

실제로 예전 내가 재수할 때 했던 방법을 소개하겠다. 당시 교육과정이 바뀌면서 내가 택한 이과 과목 중 과학 관련 네 과목을 다시 공부해야 하는 상황이었다. 그래서 내가 선택한 방법은 인터넷 강의였다. 과목별로 제일 잘하고 나와 맞을 것 같은 강사를 선택하고 그들의 강의를 들었다. 중요한 것은 그냥 한 번만 듣지 않았다는 것이다.

처음 시작은 1배속으로 들었다. 그리고 한 달 정도 지나 1.25배속, 그리고 두 달 뒤 1.5배속 그리고 또 잊어버릴 때 즈음 2배속으로 들었다. 즉 한 동영상을 네 번을 반복해서 들은 것이다. 중요한 것은 이것을 하루에 네 번 들은 것이 아니라 잊어버릴 만하다 싶으면 한 달에 한 번씩 다시 들었다. 세 번 정도 들을 때 이후부터는 큰 그림이 그려진 상태에서 세부내용이 보였다. 마지막엔 강사가 다음에 어떤 멘트를 날릴지가 기억이 났다. 더 신기한 것은 들을 때마다 새로운 통찰이 있었다는 것이다.

나는 운이 좋게도 내가 택한 방법이 기억의 원리에 딱 부합했다. 본능적으로 알았던 것 같다. 이렇게 해야만 내 것이 될 것이라는 판단이었다. 잊어버릴 만할 때 다시 자극을 반복적으로 주어서 내재화한 것이다. 이 과정에서 계속 문제를 풀며 습득하는 과정이 있었기 때문에 완전히 내 것으로 만드는 것이 가능했다.

무의식적 기억은 공포나 행복과 같은 느낌, 감정을 연결해야 하고 이를 위해 편도체가 관여한다. 그래서 보통은 반복과 같은 요소가 필요하지만 특정 사건 사고와 같은 매우 강한 감정을 동반하는 경험이 있다면 뇌가 중요하다는 판단을 하고 일정 이상의 호르몬이 나와서 한번에 장기기억으로 변하기도 한다.

하지만 우리는 모든 학습에 있어 큰 감정을 동원하기는 현실적으로 힘들다. 대신에 가급적이면 공부할 때 기분이 좋아야 하는 이유가 여기에 있다. 우울하거나 무기력한 정서적 상태에서는 프로세싱이 잘 안되고 암기력도 떨어진다고 한다. 감정이 도파민이나 세로토닌과 같은 특정 필요한 호르몬 분비를 막는 것이다. 아무리 열심히 해도 바보가 된 느낌은 여기서 발생한다. 우리가 심리적인 구멍을 채워야 하는 이유가 여기에 있다. 그리고 나는 이런 좋은 감정, 호르몬을 훈련을 통해 만들어 내는 것이 앞에서 이야기 한 몰입이라 생각한다.

KBS스페셜 〈당신이 영어를 진짜 못하는 이유〉에서는 될 수밖에 없는 영어 학습을 소개했다. 세계 2차 대전 당시 미군이 사용한 방법인

데, 하루 20시간 이상 원어민 선생이 던지는 질문에 답하는 것이었다고 한다. 즉, 통역연습인데 한글을 계속 영어로 바꾸는 연습을 하는 것이다. 6개월 만에 원어민 수준의 어학병을 배출했다는 방법으로, 나는 이것이 계속해서 익히는 과정에 집중한 좋은 예라고 생각한다. 언어는 자전거 타기와 같은 무의식적 지식이기 때문에 배운다기보다는 익히는 과정이 필요한 것이다.

배운다는 것은 인지하는 과정에 가깝다. 우리는 이것을 내 안에서 처리하는 과정을 통해 진짜 내 것으로 만들 수 있다. 이를 위해 실제로 밖으로 꺼내보는 훈련을 반복해야 한다. 많은 사람들이 이 부분을 간과한다. 다시 말하지만 이것이 핵심이다. 이와 같은 변할 수밖에 없는 원리를 자신에게 적용해서 진짜 학습을 실현하길 바란다.

그래서 나만의 방식으로 정리하는 것이 꼭 필요하다. 이것이 습득하고 출력하는 방법이다. 그리고 백지상태에서 내가 정리한 것을 언제든 꺼낼 수 있어야 한다. 그렇게 되면 학습이 끝나는 것이다. 내 손으로 직접 정리하는 것이 필요한 이유다.

지금부터는 가장 빠른 학습을 위해 자신에게 부족한 부분이 없는지 살펴보자. 공부하며 느끼는 감정은 어떤지, 적절한 휴식시간, 띄엄띄엄 자주 반복하며 배우고 있는지, 그리고 무의식적 기억으로 만들기 위해 습득하고 출력하며 내재화하는 시간을 확보했는지 확인해야 한다. 추가적으로 아래의 질문이 자신에게 부족한 환경적 자극을 찾는 데 도움을 줄 것이다.

1) 나는 학습을 위한 정보 및 자료 수집을 하고 있는가?
2) 주변 사람, 상황 중 적극적으로 도움을 받을 수 있다면 그것은 무엇인가?
3) 스스로에 대한 평가가 긍정적인가?
4) 이것을 하는데, 안 좋은 감정이 있다면 무엇인가?
5) 이를 해내기 위한 적합한 노력을 하고 있는가? 얼마나 부족한가?
6) 안하게 되는 이유가 있다면 무엇인가?
7) 성공하면 나에게 주어지는 보상은 무엇인가?

한 번에 완벽한 것을 찾으려고 하면 안 된다. 무엇인지 애매할 수도 있고 정확하게 떨어지는 느낌이 들지 않을 수도 있다. 여기서는 자신과 관련하여 핵심이 될 수 있는 몇 가지 포인트를 찾는다고 생각하자. 스스로를 돌아보고 사실 나에게 이 부분이 필요했다는 통찰을 얻어 가는 것이 중요하다.

목숨 걸고 배워라

앞에서 인간의 뇌는 인과를 연결하려는 속성을 가진다고 했다. 원인과 결과를 연결한다는 것은 어떤 사건이 일어나면 그것의 원인이 무엇인지를 본능적으로 알아내려고 하는 반응이다. 그래야만 다음번에 비슷한 일이 일어났을 때 대처가 가능하고 생존에 유리하기 때문이다.

인간의 정신이 붕괴되는 원인 중에 하나는 이와 같은 인과를 연결하려는 속성의 반작용 때문이다. 누군가에게 기존의 경험으로는 해석하지 못할 사건이 일어났다면 이는 생존에 위협이 되는 사건이므로 그 원인을 어떻게든 찾아야 할 것이다. 하지만 기존 데이터로는 해석이 불가하고 시급한 상황이므로 가까운 대상을 이유로 선택할 가능성이 크다. 에너지가 밖으로 흐르는 외향적인 사람들은 다른 누군가의 탓을 하기도 한다. 반대로 에너지가 안으로 흐르는 사람은 가장 가까운 자신에게 이유를 돌려 자책을 한다. 큰 에너지가 나를 향하면서 마음에 상처를 입히는 것이다.

인간은 사건의 원인을 찾으려는 마음이 강해서 비합리적이더라도 이유를 만들어 낸다. 하지만 비합리적인 자책이 생기면 정신이 붕괴될 수 있다. 특히 자신이 특별히 잘못한 것이 없는데 어떤 처벌을 받는다면 마찬가지의 현상이 일어난다. 왕따, 학교폭력, 가정폭력과 같은 예를 들 수 있다. 그래서 억울한 상황에 처하면 감정적으로 격한 반응이 일어나곤 한다.

학습을 할 때도 마찬가지로 당연히 이유가 있어야 한다. 이것은 본능과도 같은 현상이다. 이는 수많은 잘못된 자기계발 및 영성 서적과도 연관이 되어 있다. '100퍼센트 믿으면 이루어진다' 혹은 '성공한 모습을 계속 상상하면 이루어진다'와 같은 명제들은 오해를 불러일으킨다. 마치 상상하기만 하면 현실이 바뀔 것이라 생각하는 것이다.

하지만 그것이 사실이라 할지라도 실제로 그것을 100퍼센트 믿는 행위 자체가 불가능하다. 아무리 상상을 한다고 해도 스스로 생각하기에 이루어질 것 같지 않은 내적 불일치가 생기기 때문이다. 그저 바라기만하고 아무 행동도 안했는데 이루어지는 것은 자신이 생각해도 이상한 것이다. 이론은 그럴싸하게 보여도 경험적, 상식적으로 이유가 불명확하다. 하지만 사람들은 최소한의 노력으로 많은 것을 얻기를 바라는 마음이 있기에 이것이 좋아 보인다. 효과가 없다는 의미가 아니다. 그 효과를 과하게 기대하는 것이 문제다. 상상만 하면 이루어진다니 얼마나 좋은가? 특히 이미 내적으로 소진된 상태라 추진할 힘이 없는 사람들에게 이런 제안은 너무나 달콤하다.

마땅한 이유나 근거 없이 100퍼센트 믿는 것은 불가능하다. 하루종일 부자가 된 모습을 상상만한다고 이루어지는 것이 아니다. 그 상상이 현실처럼 느껴져서 행동으로 바뀔때 의미가 생긴다. 현실에서 돈이 생길 만한 많은 행동들을 해서 부자가 될 수 있는 수많은 이유들을 마음에 심어 놓았을 때 그때서야 진심으로 100퍼센트 믿기 시작할 수 있다.

학습을 하는 것은 쉬운 일이 아니다. 하지만 그 학습을 하는 이유를 모르고 동기부여 없이 하는 것은 더욱 지옥 같은 일이다. 게다가 방법도 모르는데 억지로 할 수 있는 것이 아니다. 공부를 왜 하는지가 분명하지 않으면 머리는 계속 그 이유를 찾는 데 에너지를 투입할 것이다. 믿음이라는 것은 그만큼 많은 이유들, 씨앗들이 있어야만 현실적으로 가능하다. 우리는 결코 자신을 속일 수 없기 때문이다.

남들이 하니까 따라 한다는 이유로는 나를 설득시킬 수 없다. 내적으로도 명확히 결정하지 않으면 무의식적으로는 계속 다른 이유를 찾으려 할 것이다. 어쩌면 자꾸 학습을 안해도 되는 이유를 찾는 방식으로 에너지가 흐를 수도 있다. 내가 이것을 왜 해야 하는지를 명확하게 선택하고 결정하는 것이 학습에 도움이 되는 이유다.

내게 상담을 의뢰한 K씨는 자신이 원하는 삶의 모습에 대해 '경제적으로 생계유지할 정도가 되었으면 좋겠고, 하고 싶은 것을 하면서 살고 싶다'라는 아주 추상적인 이야기를 했다. 대부분의 사람들은 이러한 고민을 깊게 하지 않기에 애매한 대답이 나오기 마련이다. 그리고 현재 기준으로 마음에 드는 직업은 기자와 프로그래머라고 했다. 문과와 이과조차 구분이 안 되는 혼란스러운 상황이었다. 보통은 이러한 상황이 되면 무엇을 해야 할지 모르는 상황이 된다.

나는 K씨의 근본 욕구가 무엇인지를 파악하려 했다. IT관련 프로그래머나 개발자가 되고 싶은 이유를 찾았다. 마찬가지로 기자가 되고 싶은 이유를 이야기했다. 완전히 서로 다른 일이라 할지라도 무언가 공통된 욕구가 있을 수 있기 때문이다. 그 직업이 중요한 것이 아니라 그 직업을 선택한 내적 동기가 중요하다.

여기서 공통적인 욕구는 '다른 사람들에게 필요한 것을 제공하는 것'에 있었다. 자신을 통해 무언가 만들어지고 그것으로 세상에 영향을 미치는 것이었다. 더 이야기하니 최대한 많은 사람들에게 영향을 미치고 싶어 했다. 추가적으로 좋아하는 분야를 깊게 배우고 싶은 욕구와 프리랜서 생활을 원하고 있었다.

이렇게 욕구를 파악해 놓는 것이 필요하다. 그러면 이후 그것과 연관한 다른 직업을 알게 되면 그것을 할 수도 있는 것이다. 선택 범위가 넓어지는 것이고 그러면 자신이 잘 할 수 있는 곳을 찾을 가능성이 더 커진다.

학생인 L씨는 트럭 운전을 하고 싶었다. 공부하는 것에 전혀 의미를 부여하지 못하고 있었는데, 트럭운전을 하고 싶다는 말을 듣고 단순히 공부를 안하려는 핑계라 생각하고 거부하거나 무시해서는 안 된다. 왜 그것을 원했는지를 파악해야 한다.

그가 말하길 친구 아빠가 트럭을 몰면 돈을 많이 번다고 했다. 부지런하면 돈을 잘 벌 수 있는 직업이고, 공부를 특별히 잘하지 않아도 가능하다는 장점이 있다고 했다. 그리고 누구의 지시도 안 받고 혼자 자유롭게 할 수 있다는 게 좋다고 한다. 나는 트럭운전 직업에 대해 정확히 알진 못한다. 사실관계를 파악하기보다 왜 그것을 지목했는지가 알고 싶었다.

계속 이야기를 나누자 핵심 이슈가 드러났다. 첫째, 자신을 통제하는 사람이 없어야 한다. 즉 관계에서 자유가 있어야 한다. 둘째, 노력한 만큼 돈을 받을 수 있으면 좋겠다.

이러한 욕구를 바탕으로 대화하다 보니 옷가게도 괜찮았다. 체육관도 좋았다. 점차 자신이 할 수 있는 범위가 넓어졌다. 이렇듯 진짜 욕구를 파악한 다음에 지금 자신이 무엇을 해야 하는지와 연결시킬 수 있어야 한다.

이러한 근원적인 삶의 욕망을 해소하기 위해 배움이 필요하다. 이를 위해서 어떤 자격일 수도, 경험일 수도, 대학일 수도 있는 중간 단계의 목표가 나온다. 그것을 위해서 내가 어느 정도의 수준이 되어야 하고 무엇을 배워야 하는지를 알게 된다. 그것을 위해 지금 하고 있는 행동들이 올바른 것인지를 역으로 살펴보아야 한다. 궁극적인 목적을 이루기 위해 지금 해야 할 세부 과업들을 만들어 내는 것이다.

예를 들어 자신만의 콘텐츠를 만들기 위해 특정 분야를 학습하고 있다면 그것이 나의 어떤 추상적인 가치를 실현시키기 위함인지를 인식할 수 있어야 한다. 이것이 뇌에 작동하면 큰 동기를 불러일으킨다. 이것이 명확히 잡히면 학습하는 이유를 찾는 데 불필요한 에너지를 소비하지 않을 것이다. 오히려 추진력이 생긴다.

누구도 자신의 삶이 잘못되기를 바라지 않는다. 누구나 성장하고 더 나은 삶을 살기 원한다. 그래서 내적으로 가장 중요한 핵심 가치가 무엇인지를 파악해야 한다. 그것을 이루기 위해서 학습이 필요한 것이다. 나를 위해 학습해야만 책임지기 시작할 수 있다. 오직 나를 위한 학습을 해야만 한다. 다른 누군가를 위해 무언가를 한다는 것은 주인 의식이 생기지 않는다. 주인이 아닌데 주인인 척을 할 수 없다. 자신을 속이는 것은 힘을 빠지게 한다. 자신이 스스로 선택하고 책임을 지려면 그것을 하는 이유가 명확하게 자신의 생존과 관련한 일이어야 한다. 그 이유를 스스로 선택하고 결정해야 한다.

우리는 누구나 내적인 욕망을 가지고 있다. 그것이 사람에 따라 강하고 약한 정도는 있겠지만, 모두가 가지고 있다. 하지만 많은 사람들이 이를 억압하고 있다. 이 책을 읽을 정도의 독자라면 어느 정도 이상의 욕망을 가지고 있을 것이다. 나의 경우 어린 나이에 8개월 동안 3번 놀면서 공부할 수 있었던 그 당시의 힘이 어떻게 일어났을까를 생각하곤 한다. 지금도 그 정도로 열심히 하는 것은 불가능에 가깝기 때문이다. 그때는 부모를 만족시키기 위해서, 그리고 내 삶에 대한 생존과 결부된 어떤 두려움 등 여러 가지 아주 강한 힘을 만들어 낸 상황 속에 있었다. 다행히 나쁘지 않은 방향인 공부를 통해 이 힘을 풀어냈다. 그것은 지금 생각하면 그럴 필요도 없고 사실이 아닌 신념일지도 모르지만, 그 당시의 어린 나에게는 그것이 진실이었고 나를 움직이게 하는 원동력이었다.

이 이야기를 하는 이유는 절대적인 가치나 동기를 찾는 것이 아니라는 의미다. 오직 나에게만 해당하는 나만의 의미를 찾는 게임이다. 우리 모두는 삶의 의미를 찾는다. 심지어 인간은 삶의 의미가 없으면 자살을 선택하기도 한다. 그만큼 의미는 중요하다. 삶은 너무나 복잡하게 많은 사건, 생각, 의도, 관계 등으로 뒤엉켜있다. 그 삶 속에서 우리는 오직 나만의 의미를 찾아야 한다. 그 뒤엉킨 무늬는 오직 나에게만 해당하는 것이고 거기서 오직 나라는 바늘이 결정하는 것에 따라 무늬라는 의미가 만들어진다. 다른 누군가가 결정해 주는 것이 아니다. 내가 책임감을 가지고 삶의 뚜렷한 무늬를 짜내는 것이다. 다시 말하지만 이 세상에 유일한 나만의 의미다.

이 작업을 하기 위해 꼭 필요한 것이 있다. 패러다임을 바꿔야 한다. 우리는 보통 내가 잠깐의 학습을 통해 얻을 수 있는 보상을 살핀다. 하지만 오히려 반대로 생각해야 한다. 왜냐하면 공부는 평생 계속 해야 하는 것이기 때문이다. 이 학습을 통해 삶이 나에게 무엇을 기대하고 있느냐를 질문해야 한다. 여기서 진짜 의미가 나온다.

진짜 의미, 진짜 동기란 오직 나에게만 생기는 특별함이다. 전 우주를 통틀어 오직 나에게만 해당하는 임무다. 그 누구도 대신할 수 없다. 마찬가지로 그 과정에서의 고통, 시련, 기쁨 역시 타인이 대신하지 못한다. 나와 완전히 똑같은 기질, 상황을 가진 사람은 이 세상에 없다. 우리는 개개인이 자신에게만 주어진 역할이 있고 그것은 유일무이하다. 대체 불가능한 내가 있다. 그 누구도 나를 대신할 수 없다는 사실을 뼈저리게 느끼고 깨달아야 한다.

그래야 오직 나만의 소중한 책임감이 생긴다. 나는 여러분들이 지금 자신만의 소중한 의미를 찾아보길 바란다.

아래의 내용은 핵심 가치, 진짜 동기를 찾고 실행하는 데 있어 도움을 주기 위한 몇 가지 질문들이다. 참고하여 나의 목표와 동기를 되돌아보자.

- 측정 가능한가?
- 기존의 삶을 바꿔도 될 정도로 진짜 원하는 것인가?
- 쉽게 얻을 수 없는 것인가?
- 나에게 긍정적이고 올바른 것인가?
- 그것을 해야 하는 피할 수 없는 강력한 이유가 있는가?
- 목표를 위해 내가 지불할 대가는 무엇인가?

완전한 학습을 위한
3가지 특성

우리가 무언가를 배운다면 그것은 자신을 위한 것이다. 배움은 실용적으로 내 삶에 쓰임이 있어야 한다. 그런 면에서 학교 교육은 문제가 많다. 학교에서 배운 지식이 사회에 나갔을 때 쓰임이 있는지에 대해 내 경험상 회의적이기 때문이다.

물론 학교의 무용론을 말하는 것은 아니다. 그 교과목을 배우는 과정 속에서 생각하는 힘을 길러주고 이후 전문적인 분야를 공부하기 위한 기본, 기초 지식을 배운다. 그것 외에도 수많은 긍정적인 부분이 있다. 하지만 현실은 입시 위주의 주입식 교육이라는 비난을 면하긴 힘들다. 나는 이왕에 하는 것이라면 내가 사회에서 살아남는 데 바로 쓸 수 있는 실용적인 교육, 진짜 내 삶에 도움이 되는 것을 알려줘야 하지 않을까라는 생각을 한다.

그 중에서도 학습하는 방법을 가르치는 과정이 꼭 필요하다고 생각한다. 자신이 필요로 하는 분야가 생겼을 때 그것을 스스로 학습해서 내재화하는 방법을 교육하는 것이다. 즉, 물고기를 잡아주는 것이 아니라 물고기를 잡는 방법을 알려주는 교육이다. 급변하는 사회에 나가서 살아남기 위해 꼭 배워야 할 것은 자신의 잠재력을 개발하는 방법을 배우는 것이다. 변화, 발전, 성장하기 위해서 배우는 능력만큼 필수적인 것이 없다.

아이러니하게도 나는 학창시절 원하는 성취를 이루고 난 후 오히려 한동안 깊은 무기력에 빠져 있었다. 모든 것을 불태우고 원하는 것을 얻었지만 그렇다고 누군가가 평생 만족하지도, 내 삶이 생존을 보장받지도 않았기 때문이다. 열심히 공부한 것이 사실상 사회에서 살아남는 데 별 쓸모가 없다는 인식이 들었다. 대학이라는 타이틀을 빼면 나 자신이 많이 알고 있다는 생각조차 들지 않았다.

물론 그 과정을 거친 내가 없었다면 지금의 나도 없었을 것이고 그때의 극도의 우울, 무기력을 극복해 나가는 과정을 통해 지금까지 성장한 나도 없었을 것이다. 어떤 힘이든 그것을 어떠한 태도로 사용하는지에 따라 나를 살리기도 죽이기도 한다.

오히려 그때 학습했던 과정에서 나온 노하우가 나를 살렸다. 그 정도로 동기부여하고 몰입해서 노력했던 경험은 진실이었기 때문이다. 우리는 더 나은 삶을 살고 싶다는 근원적인 욕구를 생각해야 한다. 바로 성장에 대한 욕구다. 그래서 죽을 때까지 배워야 한다. 그리고 그러한 내면의 힘을 해소하는 방법으로 배움만큼 긍정적인 방법이 없다고 생각한다. 다행히 내 경험은 이것을 가능하게 했다. 삶을 성장하게 하는 다른 긍정적인 방법도 있을 수 있지만 그럼에도 배움이 최고가 아닐까 한다.

우리가 성장하기 위해서 할 수 있는 아주 단순한 질문이 있다. 스스로 물어보는 것이다. 지금과 같은, 오늘 하루와 같은 방법과 노력을 계속하면 미래가 어떻게 될지 생각해 보는 것이다. 학습을 예로 들어 어떤 시험이 있다고 가정하자. '오늘처럼 매일 시험일까지 공부하면 과연 원하는 결과를 얻을까?'라고 질문하는 것이다. 대답이 '그렇다'라면 그대로 하고 '아니요'라면 '그렇다'가 나오는 방법과 노력은 무엇인지를 질문한다. 그것을 막는 장애물이 무엇인지 묻는다. 그리고 '그렇다'가 나오는 방법을 찾고 실제로 매일 매일 실행하는 것이다. 내가 학습하고 창조하려는 콘텐츠가 있다면, 사업이 있다면 그것도 마찬가지다. 이대로 하면 '그렇다'인가 '아니요'인가?

이 방법이 효과적인 이유는 자신이 가장 잘 알고 있기 때문이다. 다른 사람은 속일 수 있어도 자신을 속일 수는 없다. 자신의 양심에게 물었을 때 자신이 정당한 상태여야 한다. '인지부조화', '내적 불일치'와 같은 현상이 일어나면 안 된다. 그리고 다른 누군가에게 허락 받으려는 근성을 멈추어야 한다. 정확한 것은 자신만이 알고 있다. 공부하는 데 있어서 자신에게 당당한 상태여야 한다. 그것이 방법이나 노력이나 마찬가지다. 그래야 정렬된 상태가 되어야만 스스로를 믿을 수 있다.

결과에 대한 걱정이 몰입을 막는다고 했다. 다소 극단적인 예를 들어 보면, 예전 수학의 정석과 같은 한 번도 보기 힘든 책을 10번 반복해서 보면 원하는 대학 합격을 보장해주겠다고 가정하자. 평소라면 아무도 안할 행동이지만 결과를 보장해 준다고 하면 제법 많은 사람들이 이것을 해낼 것이라 생각한다. 하지만 바꿔 생각하면 10번 반복하기만 하면 누가 보장하지 않더라도 원하는 결과를 얻을 수 있다. 실패에 대한 두려움, 불확실성이 몰입을 막는 것이다.

목표를 성취하는 것에만 집중하면 불필요한 긴장이 생기고 소위 '애를 쓰게' 된다. 긴장하는 데 에너지가 세어 나가는 것이다. 아이들이 배움을 쉽게 받아들이는 것은 미래에 대한 걱정이나 불필요한 긴장이 없기 때문이다. 온전히 받아들이고 몰입하기 때문이다. 반드시 잘해야 한다는 욕망은 배움을 방해한다. 결과에 대한 욕망이 아닌 그 과정에 대한 욕망으로 바꿔야 한다. 목표는 과정으로 인해 생기는 결과물이다. 실제로는 목표를 이루기 위한 과정에 집중해야만 목표가 이루어진다. 그래서 우리가 실제로 에너지를 집중해야 하는 부분은 과정이다. 자신이 명료하게 집중해야 하는 것에만 에너지를 쏟는 것이다. 즉 필요한 부분에 몰입할 줄 아는 것이 핵심이다.

지금까지 나온 내용을 바탕으로 과정에 몰입하는 완전한 학습을 위해 우리가 정복해야 할 3가지 특성을 살펴보겠다. 나에게 어떤 부분이 부족한지를 파악하는 데 활용하기 바란다.

- 주체성

'주체성'을 가져야 한다. 주체성을 가지면 '내 삶이 중요하다는 인식', '내 주변에 대한 관심' 그리고 '내 삶에 도움이 된다는 기대감'이 생긴다. 믿음과 기대감은 그 자체로 흥미를 불러일으킨다. 우리는 자신에게 주체성을 심어줄 수 있어야 한다. 그렇지 않으면 노예처럼 남을 위해 억지로 공부하는 현상이 일어난다.

결국 스스로 공부해야 한다. 누가 떠먹여 주는 것은 한계가 있다. 내재화하는 과정에서 의미가 만들어지고 학습이 일어난다. 나의 경험을 돌이켜 보아도 그렇다. 과거 부모님의 기대에 부응하기 위해서나 다른 사람에게 보여주기 위한 공부를 했을 때 그것이 진짜 나의 성장으로 이어지는 경우는 드물었다. 순간적인 암기는 되더라도 금방 사라진다. 무의식은 내 것이 아니면 덜 중요하게 생각하기 때문이다. 결국은 지속하지 못하고 실패하게 된다. 오직 나를 위한 공부를 했을 때에만 뇌에 각인이 되고 성과를 볼 수 있다.

그래서 배우는 과정에서 저자의 결론을 무비판적으로 받아들이기보다 사전에 자신의 결론을 이끌어내고, 비교 대조하는 식으로 나아가는 것이 좋다. 그래야만 결론에 도달하는 논리를 스스로 구성할 수 있고 어떤 사실관계로부터 일반화하고 추상화하는 개념화를 해낼 수 있다. 자신의 지식으로 만들어야만 나중에는 다른 누군가에게 설명할 수 있는 것이다.

앞에서 학문은 실용성을 바탕으로 해야만 한다고 이야기했다. 그래서 주체성이 더욱 중요하다. 실용적인 차원에서 이러한 지식을 나에게 그리고 나를 둘러싼 사회에 적용할 수 있어야 한다. 지식은 그것을 위한 하나의 제안일 뿐이고 적용은 내가 해야 하는 것이다. 수능이나 다른 공부는 아니지 않으냐고 반문할 수 있다. 그렇지 않다. 그것 역시도 나와 관련해서 내가 재해석하는 과정이 있어야만 내 것이 된다. 주체성은 지식이 내 것이 되는 과정이다. 오직 나를 위한 공부가 시작점이 되어야 한다.

주체성은 책임감과도 연관된다. 책임감을 부담스럽게 생각하면 안 된다. 오히려 나에게 책임이 있기 때문에 나의 인생에 의미가 생긴다. 내 인생인데 나에게 책임이 없다는 것이 더 문제다. 이는 남에게 주도권을 주고 휘둘리는 삶이기 때문이다. 내 삶에서 우유부단하거나 이도 저도 아닌 경우가 많이 생긴다면 책임에 대한 관점을 바꿀 필요가 있다. 즉, 삶에 온전히 흠뻑 젖는 것이 아니라 한쪽 발만 담근 애매한 상태가 만들어진다면 책임 회피에 시달리고 있는 것일지도 모른다. 나에게 책임을 넘기면, 해결안이 생긴다. 타인에게 넘기면 해결할 수 없고 피해의식만 생긴다. 전적으로 내가 주체적으로 책임을 지는 자세인지를 꼭 확인하자. 이것만 해도 많은 부분이 해결될 것이다.

- 체계성

체계적으로 공부한다는 것이 어떤 의미이지 살펴보겠다. 만약 책을 읽는다면 핵심 아이디어를 찾을 수 있어야 한다. 저자가 결국 전달하고 싶은 핵심 내용이 무엇인지를 파악하는 것이 가장 기본이다. 예를 들어, 기본적으로 문단은 핵심 문장을 가지고 있어야 하고 각 핵심 문장의 합은 핵심 스토리를 만들 수 있어야 좋은 글이다. 이것은 초등학교에서부터 배우는 것이지만 실제로 적용하고 훈련하지는 않는다. 무엇을 주장하려고 하는 것인지, 그 주장을 위해 근거로 내세우고 있는 것이 무엇인지 살피는 것이 체계성의 기본이다.

그래서 항상 핵심 개념을 스스로 정의하는 습관을 들여야 한다. 명확한 개념이란 모호함이 없는, 즉 단 한 가지만을 뜻하는 개념을 말한다. 명료하게 안다는 것은 이러한 의미다. 체계적으로 공부하려면 스스로 정의한 것을 공부한 것과 비교할 줄 알아야 한다. 정의하고 증명하는 능력이 필요한 것이다. 생략해도 되는 단어는 없애고 관통하는 핵심을 찾을 수 있어야 한다.

핵심을 찾을 수 있다면 구조화할 수 있어야 한다. 자신이 아는 것을 얼마나 잘 구조화할 수 있느냐는 이후에 지식을 사용하는 데 큰 차이를 만든다. 많은 사람들이 지식을 모르기보다는 분명히 아는 것인데 그것을 출력하는 것에 애를 먹는다. 분명히 답을 보면 아는 내용인데 그것을 밖으로 꺼내지 못하는 것이다. 이것은 반복 숙달의 차이이기도 하지만 얼마나 구조화하는 능력을 가지고 체계적으로 공부했느냐의 차이이기도 하다. 결국 진짜 앎은 아는 내용을 실제로 사용하는 능력에서 오기 때문에 제대로 분류하는 작업이 있어야만 아는 내용을 능숙하게 말하고 쓸 수 있는 것이다. 이제까지 수동적으로 듣는 것이 배움이라 생각했을 것이다. 하지만 진짜로 앎을 얻기 위해서는 자주 출력하는 습관을 들여야 한다. 그리고 출력하기 위해서는 구조화가 꼭 필요하다.

구조화는 핵심 내용들 사이의 관계성을 표시하는 것이다. 원인과 결과를 구분하고 같은 수준의 내용끼리 묶는 것이다. 비슷한 것끼리는 묶고 다른 내용은 구분하는 것이다. 이것은 주로 시각화한 형태로 만드는 것이 좋다. 그렇게 구조화한 도식을 내 머리에 각인하는 식으로 진행하면 그만큼 기억하기에도 좋다.

지금까지 내용적 체계성이었다면 방법적 체계성은 문제해결 관점을 가지는 것이다. 우선은 문제가 무엇인지 명확하게 규명하는 것부터 시작해야 한다. 이를 위해 목적성을 명확히 해야 한다. 내가 원하는 것이 무엇인지를 알고 현재 상태와의 차이를 도출해야 한다. 그 차이가 바로 문제다. 문제를 명확하게 알았으면 이를 해결하기 위한 원인을 찾아야 한다. 원인은 근본 원인이 나올 때까지 깊게 들어갈수록 좋다. 이 문제가 왜 생겼는지를 더 이상 깊게 들어가기 힘든 수준까지 물어보는 것이다. 그 다음 근본 원인을 해결할 방법을 찾는다. 그렇게 방법을 찾고 나면 내가 지금 할 수 있는 수준으로 나누는 작업을 해야 한다. 내가 할 수 있는 과업들을 다 하면 문제가 해결되어야 하는 것이다. 앞에서 나는 스스로에게 지금 하는 활동들을 계속하면 결과를 얻을 수 있는지를 질문하라고 했다. 여기서 도출한 과업들이 그러한 질문에 대답을 해 줄 수 있어야 한다.

이러한 방식을 머리에 심어 놓으면 나에게 일어나는 다양한 문제들을 차분하게 하나씩 해나가는 힘이 생긴다. 너무 감정에 휘둘리기 보다는 이성적이고 객관적으로 상황을 파악할 수 있다. 이런 방식으로 학습을 해나가면 이것 자체가 구조화이기 때문에 기억에도 용이하고 누군가에게 말하기도 쉬워진다. 내가 직접 전략을 가지고 해결한 과정이기 때문에 그 자체로 내재화하는 과정을 포함하는 것이다.

- 지속성

이 책의 내용들은 모두 훈련을 해야 한다. 그 의미는 습관이 되어야 한다는 의미다. 우선 적절한 난이도의 과제를 부여해야 한다. 몰입 챕터에서 말했듯이 너무 쉽거나 어려우면 흥미가 발생하지 않는다. 이것은 내용적으로도 그렇지만 양적으로도 마찬가지다. 조금씩 자신의 허용 용량을 늘려가는 식으로 다가가야 한다. 한 번에 되는 것은 없다. 계속해서 성장하는 방향으로 나아가는 것이 중요하다.

조급하게 서두르는 것도 나쁜 습관이다. 물이 끓는 것이 한순간에 일어나는 것처럼 보이지만 실제로는 에너지를 담는 시간이 필요하다. 마찬가지로 끈기 있게 하다 보면 깨달음이 오는 시기가 있다. 자신만의 시간이 있음을 알고 꾸준하게 하는 것이 필요하다. 우리는 '축적이 있어야 돌파가 있다'라는 말을 기억해야만 한다.

공부의 왕도를 하나만 꼽으라면 반복이다. 그래서 지속성이 필요하다. 이것이 무의식적인 유능, 암묵기억과 몰입을 만든다. 잘못된 방법으로 하는 반복이 오히려 위험할 수 있는 이유도 이것이 그만큼 강력한 무기이기 때문이다. 반복은 틈틈이 복습하는 것도 포함한다. 자극이 곧 반복이다. 지속적으로 자극을 주면 연결이 강해진다. 이것이 '정도'다.

지속성을 위해서는 우리의 뇌를 컴퓨터와 마찬가지로 리부팅을 해주는 것도 필요하다. 휴식 시간을 적절하게 주는 것이다. 그 시간에 뇌가 스스로 정리하는 시간을 가진다. 컴퓨터의 조각모음 기능과 같다. 마찬가지로 신체를 단련하는 일도 꼭 필요한 일이다. 정신과 육체는 연결되어 있기 때문이다. 하드웨어가 좋아야 오랜 시간 지속할 수 있는 것은 당연하다. 그리고 몸을 움직이는 것만큼 두뇌를 활성화하는 것도 없다.

계속 지속하기 위해서 앞에서 이야기한 생존과 연관한 동기부여가 도움이 될 것이다. 그리고 성장 마인드셋이 있다면 실패로 인해서 노력하지 않고 중간에 포기하는 일은 없을 것이다. 자신의 기질에 맞는 자신만의 방법을 찾는다면 이 역시 꾸준하게 하는데 도움을 줄 것이다. 몰입도 마찬가지다. 기억의 원리를 적용하면 날개를 달 수 있을 것이다. 당신이 이 '학습 열쇠'를 활용할 확신이 생긴다면, 이 모든 핵심 기술들은 마찬가지로 당신이 지속할 수 있는 힘을 만들어 줄 거라 확신한다.

나는 학습을 도구적 관점에서 본다. 학습한다는 것은 내 것으로 만들어 써먹기 위함이다. 이것은 진리와는 구별해야 한다. 학문을 학습하더라도 그것은 진리를 알기 위한 수단이자 도구다. 우리는 수학이나 다른 무언가를 배울 때 그것 자체가 진리라고 이야기하지 않는다. 오직 실용적인 도구라 생각하고 시작해야 한다.

그래서 배운 것들을 나에게 적용해 보고 실천해야 배움의 가치가 있다. 이 책에서 제시한 학습 열쇠 역시 나에게 적용했을 때 가치가 생긴다. 단순히 책을 읽는 것이 목표가 아니라 이 책을 읽고 내가 원하는 것을 이루기 위해 적용할 것이 무엇인지를 도출해야 한다.

마지막으로 실행하기만 한다면 당신의 인생을 바꿀 수 있는 위대한 코칭 질문으로 마무리 하려 한다.

이것으로부터 배운 점은 무엇입니까?

위 질문에 대한 답이 고통이나 실패일지라도 그것을 대하는 태도가 배움이라면 오직 나를 성장하게 만들어 준다. 청소년기에 쓰러져가는 나를 일으켜 세워준 한 문구가 있다. 니체가 이야기한 '나를 이기지 못한 고통은 나를 더 강하게 할 뿐이다'라는 내용이다. 고통일지라도 나에게 의미를 가질 수 있다는 전환에 포기하지 않을 수 있었다. 지금의 고통이 힘들지만 내가 배우고 성장하는 원료로 사용한다면 그곳에서 즉시 의미가 만들어 질 것이다. 실패가 아닌 기회의 관점으로 세상을 보는 것이다. 나는 지금까지의 내용이, 당신이 배워서 성장하는 길을 밝히고 든든한 무기가 되어주길 진심으로 바란다.

PART 4

말:
당신의 가치를
드러내라

거절할 수 없는
제안을 하지

돈을 더 많이 벌고, 인간관계를 좋게 만들고, 원하는 것을 얻는 방법이 있다. 나, 알버트 코치가 믿고 경험했으며 많은 사람들이 같은 경험을 하고 있다. 그것은 '영향력의 기술'이다. 언어와 이미지로 타인을 내가 원하는 대로 이끄는 기술이 있다. 이러한 영향력의 기술은 배울수 있다. 당신이 당신의 삶을 좀 더 살맛나게 바꾸고 싶다면 반드시 익혀야 하는 기술이다.

이러한 영향력의 기술에는 여러 종류가 있다. 어떤 사람은 스피치의 기술을 갈고 닦고, 어떤 사람은 옷을 잘 입는 것을 통하여 자신의 영향력을 발휘한다. 이 책에서는 일반적인 방법과는 조금 다른 종류의 지식과 기술을 설명한다. 무의식을 다루는 최면가이자 코치인 나는 그동안 '대화최면'을 주제로 강의를 진행해왔다. 일상적인 대화 중에 상대의 무의식을 흔들어 내가 원하는 대로 타인을 이끄는 방법이다. 여러분의 삶이 분명하게 좋아지도록 타인의 무의식을 흔드는 기술을 여러분의 영향력에 더하는 방법을 다루고자 한다.

'그가 거절할 수 없는 제안을 하지(I'm gonna make him an offer he can't refuse)'는 유명한 영화 〈대부Godfather〉의 상징과도 같은 대사이다. 영화에 등장하는 가수이자 배우인 조니 폰테인은 원하는 배역을 얻지 못하자 자신의 대부인 돈 코를레오네에게 와서 한탄한다. 돈 코를레오네는 네가 원하는 것을 얻을 수 있을 것이며, 내가 감독에게 거절할 수 없는 제안을 하겠다고 위로한다. 이때 말한 '거절할 수 없는 제안'은 무엇이었을까?

영화에서 돈 코를레오네는 마피아이기 때문에 아주 거친 방법을 사용하여 자신들의 제안을 거절할 수 없는 제안으로 만든다. 미국의 유명한 마피아 보스가 "친절한 말에 총을 더하면 아주 효과적이다"라고 말한 것처럼 그들은 생명의 위협을 통해서 그들의 말이 거절당하지 않도록 만든다.

그런데 나는 이런 생각을 해 보았다. '왜 생명의 위협이 거절할 수 없는 제안을 만드는 것일까?'라고 말이다. 물론 당연한 것이지만 그것은 느낌적인 수준에서의 이야기다. 나는 조금 더 구조적이고 논리적으로 어떠한 이유가 있을 것 같다는 의문이 들었고 답을 찾았다.

그 이유는 생명의 위협은 인간의 두뇌에 강력한 방식으로 동기를 부여하기 때문이다. 영화에서 등장하는 영화감독은 조니 폰테인을 좋아하지 않았기 때문에 여러 가지 이유로 그에게 배역을 주려고 하지 않았다. 하지만 돈 코를레오네의 하수인들은 독특한 방식으로 감독의 두뇌에 동기부여를 가함으로써 조니 폰테인이 배역을 얻을 수 있게 도왔다.

그 방식은 감독이 사랑하는 말의 머리를 잘라서 그의 침대에 넣어 두는 것이었다. 감독이 잠에서 깨어 뭔가 이상함을 느끼고 이불을 들춰보자 거기엔 잘린 말의 머리와 피로 흠뻑 젖은 침대가 있었다. 그 장면을 본 감독은 망막을 포함한 오감을 받아들이는 감각기관에서 느낀 충격을 뇌의 시상을 거쳐 편도체로 정보를 보낸다. 편도체에 도착한 정보는 여러 경로를 통해서 이성적이고 합리적인 사고를 하는 전전두엽으로 보내진다. 다른 한편으로는 위험을 감지하게 되었을 경우 즉각 반응하기 위해 만들어진 편도체에서 뇌간과 시상하부로 이어지는 길을 통해서도 보내진다.

충격적인 정보는 스트레스 호르몬을 과도하게 발생시키고 스트레스 반응이 즉각적으로 몸과 마음을 덮친다. 이 상태에서는 이성적인 판단을 하는 기능을 가진 전전두엽이 비활성화되어 합리적이고, 비판적인 사고가 힘들어지게 되는 것이다. 충격적인 장면을 본 감독은 자신을 장악하고 있는 압도적 스트레스 반응을 어떻게든 줄이려고 한다. 이성적 수준이 아니라 본능적 수준의 아주 강력한 동기로서 말이다.

감독은 이전에 조니 폰테인에게 해당 배역을 주지 않을 여러 가지 합리적인 이유를 가지고 있었으나, 충격을 받는 순간 비판적 사고는 날아 가버리게 되었다. 결국 감독은 돈 코를레오네의 거절하지 못할 제안을 받아들이게 된다.

그렇다면 우리가 다른 사람에게 거절할 수 없는 제안을 하기 위해서는 반드시 그 사람이 소중이 여기는 생명체의 목을 잘라 가랑이 사이에 숨겨두어야 하는 것일까? 대부분의 사람들은 그렇게 할 수도 없고 정상적인 사고로는 현실에서 적용하기 힘든 방법이기도 하다. 하지만 인간의 정신이 작동하는 구조를 파악하고 그것을 적절히 이용하면 반드시 손에 피를 묻히지 않아도 '거절할 수 없는 제안'을 만들 수 있다.

말의 머리를 사용하는 것은 고도의 비판적 인지기능인 현재 의식을 우회하기 위한 하나의 장치이다. 당신이 이 책을 읽으면서 인간 정신의 작동원리를 이해하면 비슷한 효과를 내면서 굳이 위법적인 행위를 하지 않고도 사용할 수 있는 많은 장치가 있다는 것을 이해하게 될 것이다.

이 책의 내용을 이해한다면 연인관계에서 비즈니스에 이르기까지 뇌를 가진 인간에게 언제, 어디서나 강력하게 작동하는 날이 선 칼을 갖게 될 것이다. 이것은 취급에 주의해야하는 도구이고, 비윤리적인 방식으로 사용하면 그 대가는 당신에게 돌아올 것이다. 세상에는 정직한 커뮤니케이션과 그렇지 않는 커뮤니케이션이 존재한다. 다른 한 축으로는 효과적인 커뮤니케이션과 그렇지 않은 커뮤니케이션이 존재한다. 어쩌면 당신은 정직하지만 효과적이지 않은 커뮤니케이션을 할 수도 있고, 정직하진 않지만 어느 정도 효과적인 커뮤니케이션을 하고 있을 수도 있다. 이 책에서 다룰 대화의 기술은 인간을 매혹시키는 효과적인 커뮤니케이션의 기술이다. 매혹의 힘을 가진 저항할 수 없는 설득력을 갖추기 위한 기술들을 얻어가길 바란다.

저절로
호감을 얻는 법

인간의 마음이 어떠한 법칙으로 움직이는지 알아야 한다. 인간은 두 가지 방법으로 커뮤니케이션을 한다. 말로 이야기하는 언어적 커뮤니케이션과 비언어적인 커뮤니케이션이다. 언어적으로는 똑같은 내용을 말하더라도 다른 방식과 다른 느낌으로 전달할 수 있다. 몸짓, 목소리 톤, 복장, 감정의 수준 등을 바꾸는 것으로서 같은 언어적 메시지를 완전히 다르게 전달할 수 있다. 그런 것들을 통틀어 비언어적 커뮤니케이션이라고 한다.

대부분의 사람들은 어떠한 말을 듣게 되면 그것에 대해서 비판적으로 쉽게 반응을 할 수가 있다. 예를 들어서 "와! 저건 엄청 좋고 비싼 거야!"란 얘기를 들었을 때 '어? 정말 그럴까? 정말 비싼 걸까? 정말 좋은 걸까?'하고 생각하기 쉽다.

반면에 어떤 사람이 무언가를 '꼉장히 싫어하는 표정' 또는 '꼉장히 좋아하는 반응'을 몸으로 보여줬을 경우에는 그것을 의식적으로 비판하는 게 아니라 쉽게 받아들이게 되는 경우가 많다.

물론 우리의 문화가 언어를 중심으로 커뮤니케이션하는 경향이 있기 때문에 언어적인 부분을 비판하는 것에 익숙해있다. 그래서 비언어적인 커뮤니케이션에 대해서는 비판적인 반응이 조금 둔하기도 하다. 나는 살면서 그 말이 진짜인지 물어보는 사람은 봤어도 아직까지 그 표정이 진짜 표정인지 묻는 사람은 거의 못 봤다.

요컨대 상대방의 심리 또는 무의식을 조작하기 위해서는 상대방이 비판적으로 사고를 할 기회조차 갖지 못하게 압력을 주면 된다. 이때 언어보다는 비언어를 사용하여 압력을 주는 것이 효과적인 방법이다.

예를 들어 처음만난 사람이 만나자마자 "저는 큰 부자입니다. 잘나가는 사람입니다"라고 말을 한다면 과연 우리가 그걸 믿게 될 가능성은 얼마나 될까? 얼마 되지 않을 것이다.

하지만 이 사람이 아무 말도 안하고 비싼 정장을 입고 람보르기니 차에서 내렸다고 가정을 해 보자. 그리고 아주 꼿꼿한 자세로 당신의 눈을 똑바로 바라보며 악수를 청한다. 이 사람이 아무 말도 안해도 비언어적인 신호들을 봤을 때 우리는 이 사람이 모종의 권력과 자원을 가지고 있음을 느끼게 된다.

그것에 대해서 '어? 저게 진짜 저 사람 옷일까? 저 사람 시계일까? 저 사람이 저걸 직접 벌어 산걸까 아니면 빌린 걸까?' 이런 생각 이전에 비언어적인 신호를 통해 들어온 정보에 대해서 먼저 받아들인다.

이제 이 원리를 이용해서 어떻게 상대방이 나에 대해서 조금 더 호감을 가지게 할 수 있는지에 대하여 알아보자.

나는 어릴 적 경제적으로 어려운 환경에서 자랐다. 하지만 현재는 제법 풍요로운 삶을 살게 되었다. 이러한 삶의 변화에 핵심요소가 있었다면 대부분의 사람들이 나를 좋아해 주었다는 것이다. 물건을 팔때도 사람들이 똑같은 뭔가를 살 일이 있으면 다른 사람이 아니라 나한테 사주고, 좋은 것을 줄 기회가 있으면 나에게 주는 일들이 많았다. 왜냐하면 나는 상대방의 호감을 이끌어내는 기술을 알았고 계속해서 사용했기 때문이다.

그 비밀은 '내가 먼저 좋아하기'에 있다. 우리는 우리를 좋아해주는 사람을 좋아한다. 끈적끈적하고 섬뜩하고 어딘가 모르게 꺼림칙한 그런 종류의 호감이 아니라 산뜻하고 담백하고 기분 좋은 호감을 말하는 것이다. 그러한 느낌을 나한테 주는 사람을 우리는 대게의 경우 좋아하게 되어 있다.

삼위일체-뇌 이론을 통하여 엄청난 명성을 얻게 된 폴 맥린 박사에 의하면 뇌는 진화과정에서 삼중 구조를 가지게 되었다고 한다. 원초적이고, 본능적 움직임을 담당하는 뇌간, 우리의 정서적 기능을 담당하는 변연계, 고도의 인지기능을 담당하는 대뇌피질로 이루어진 삼중 구조를 말한다.

어떤 사람을 처음 보고 의사소통을 시작할 때 그 사람이 하는 말이 논리적으로 합당한가를 따지는 대뇌피질의 기능을 사용하기도 하지만 그것보다 빠르게 우리의 변연계 수준에서 이 사람이 안전한가, 어떤 느낌이 느껴지는가에 대해서 처리하게 된다. 그리고 이 변연계의 정서적 정보처리는 자동적으로, 다시 말하면 무의식적으로 이루어지게 되고 의식적으로 이 과정을 막거나 조종하기는 불가능에 가깝다.

그리고 변연계는 비언어적 신호를 읽어 나에게 안전한 방식으로 호감을 표시하고, 안 좋게 반응할 이유가 없는 한 묘한 안도감과 호감을 느끼게 한다. 뇌에서 일어나는 이 과정을 의식적으로 막는 것은 치열한 훈련을 거치지 않고서는 할 수 없는 일이다. 대부분의 사람들은 치열한 훈련은 커녕 자신이 상대방에게 호감을 가지게 되는 순간을 의식조차 못한다. 그렇기에 우리는 아주 손쉽게 상대방의 감정적인 뇌를 조작할 수 있는 것이다.

그러면 어떻게 하면 내가 먼저 상대를 좋아하는 상태에 들어가서 비언어적 신호를 사용하여 상대방도 무의식적으로 나에게 호감을 느끼게 할 수 있을까? 그걸 가능하게 하는 열쇠가 '셀프토크'이다. 셀프토크란 내가 나한테 하는 말이다. 사람을 만나기 전에 1분 전쯤에 빨리 이렇게 말하는 것이다.

"나는 너를 좋아한다. 결과가 어떻게 되건 우리는 좋은 시간을 보낼 것이다. 너도 나를 좋아할 것이다."

내가 냉장고를 파는 영업 사원이라고 하자. 그러면 고객과 마주하기 전에 30초 정도 집중의 시간을 가지면서 스스로에게 이렇게 말하는 것이다.

"나는 이 고객을 좋아한다. 우리는 결과가 어떻게 되든 간에 정말 좋은 시간을 보낼 것이다. 고객도 나를 좋아할 것이다."

이것이 어떤 효과를 가지는지 좀 더 잘 이해하기 위해서 한 가지 실험에 어울려주었으면 한다. "나는 쓰레기야. 나의 인생은 가치가 전혀 없어"라고 한 30초 정도 진심을 담아서 말해 보기 바란다. 소리 내서 말해도 되고, 마음속으로 말해도 된다. 그리고 어떻게 느껴지는지 잘 살펴보기 바란다. 썩 좋지 않을 것이다. 자신의 몸 상태에 민감한 사람은 아주 큰 차이를 느낄 것이다. 이렇게 우리가 스스로에게 집중해서 하는 말은 몇 초 안에 우리의 기분과 뇌의 작동패턴, 비언어적 메시지 전달에 이르기까지 아주 강력하고 광범위하게 영향을 미친다.

중요한 건 내가 먼저 좋아하려고 하는 것이다. 내가 이 사람을 비판하고 판단하는 게 아니라 이 사람이 어떤 사람이건 좋아하고 그런 에너지를 주려고 하는 것이다. 그리고 그 사람도 나한테 그렇게 될 것이라는 기대를 가지는 것이다. 내가 파는 물건을 이 사람이 사던, 사지 않건, 이 상대가 나랑 데이트를 하건 말건 그 순간에 이야기하는 그 자체만으로 우리는 좋은 시간을 보낼 것이다. 나는 그렇게 할 것이고 그렇게 느낄 것이라는 일종의 자기 암시를 하는 것이다.

자기암시가 잘되면 '꼭 이걸 사야 돼. 내 물건을 사지 않으면 난 널 싫어할 거야'라는 불편한 감정이 사라진다. '내가 널 좋아하니, 제발 내가 원하는 인정, 호감, 실적을 되돌려달라'고 강요 또는 구걸하는 느낌을 버릴 수 있다. '나는 나대로 기분이 좋고 행복하니 그것을 당신도 좀 느꼈으면 한다'는 여유롭고, 산뜻한 호감을 줄 수 있게 되는 것이다.

대화의 기술로 타인을 매혹하는 것의 첫걸음은 셀프리더십을 가지고 스스로 컨트롤할 수 있는 요소들을 상호작용에 유리한 방식으로 만드는 데 있다. 수년간 커뮤니케이션의 기술을 코칭 해오면서 알게 된 것은 상대방의 호감을 얻고자 상대방을 조작하려고 애쓰면 애쓸수록 될 일도 안 된다는 것이다. 안 되는 것을 되게 하는 것이 아니라 되는 것을 되게 하는 방식으로 상대방에게 호감을 유도할 때 상대는 저항할 생각조차 못하고 나에게 호감을 보이게 된다.

이제 셀프토크와 비언어적 커뮤니케이션을 이용하여 호감을 이끌어내는 기술을 다음 스텝STEP에 따라 실제 상황에 적용해 보자.

STEP 1. 혼자만의 시간을 가진다. 10분이면 된다. 자신한테 집중해 본다. 그리고 자신에게 "나는 나를 좋아한다. 결과가 어떻든, 상황이 어떻든, 조건이 어떻든 나는 나를 좋아한다"라고 진심을 담아서 이야기한다. 그렇게 무조건적인 호감을 자신에게 주었을 때 자신의 몸과 마음이 어떤 식으로 반응하는지 관찰해 보도록 하자.

STEP 2. 자신의 몸과 마음이 아주 기분이 좋아지는 것을 느낄 수 있었다면, 이것을 타인에게 표현해 주었을 때 타인의 기분도 아주 좋아질 것이라는 기대를 가질 수 있을 것이다. 상대방이 얼마나 나를 좋아해 줄 지는 정확히 알 수 없지만 이렇게 암시한다.

'나는 그 사람을 좋아할 것이다. 결과가 어떻게 되든 간에 좋은 시간을 보낼 것이다. 왜냐하면 나는 나를 좋아하기 때문이다.' 이렇게 내가 타인에게 기분 좋은 에너지를 전달하고, 결과와 상관없이 '나는 괜찮다'는 사실을 느껴보도록 하자.

STEP 3. 이제 실전의 시간이다. 누군가를 만나기 전에 '나는 너를 좋아한다. 결과가 어떻든 우리는 좋은 시간을 보낼 수 있다. 너도 날 좋아할 것이다'라는 셀프토크로 자신의 의식을 조절하고 상대방과 의사소통을 해 보자. 그리고 상대방의 반응이 어떤지 관찰해 보기 바란다.

매칭의 힘

우리는 호감이 가는 상대의 말을 무의식적으로 더 잘 받아들인다. 그것이 논리적으로 맞지 않을 수도 있지만 내가 좋아하는 사람의 말이라면 우선 받아들이고 심지어는 그것을 변호하고자 하는 경향을 보인다.

미국의 어떤 작가가 오바마를 아주 강렬하게 지지하는 친구들에게 오바마가 한 말을 인용하여 트윗을 보낸 적이 있다. 그 친구들은 그 인용구를 아주 좋아했고 맞는 말이라며 앞다퉈 말했다. 하지만 그 인용구는 사실 오바마가 아닌 완전 반대성향의 정치인이자 오바마를 계속해서 공격하고, 그의 대부분의 지지자들이 싫어하는 도널드 트럼프의 말을 인용한 것이었다.

인간의 커뮤니케이션에서 잊지 말아야 할 사실은 대부분의 사람들은 말의 내용보다는 누가 말했느냐가 더 중요하다는 것이다. 그렇기에 누군가에게 내 제안을 받아들이게 하고 싶다면 뭐라고 말할까를 생각하는 것이 아니라 내가 어떤 사람이 되면 내 말을 거절할 수 없을까를 생각해야 하는 것이다.

그리고 그 열쇠 중 하나가 앞장에서 말한 호감이다. 상대방이 나를 좋아하면 나의 제안도 좋아하고, 상대방이 나를 싫어하면 나의 제안도 싫어한다. 논리적으로 말이 안 된다고 할 수 있지만, 이 책에서는 논리적 사고가 아니라 그보다 깊고 강력한 감정과 본능적인 잠재의식을 다루는 것이다. 왜냐하면 논리적인 말이 중요한 경우는 정말로 드물기 때문이다.

프랑스의 심리학자인 니콜라 게겐Nicolas Gueguen은 재미난 실험을 한 적이 있다. 여러 명의 남녀를 데리고 서로 스피드 데이팅을 하게 한 것이다. 몇 분의 시간 동안 그들은 서로 이야기하고 다시 사람을 바꿔서 이야기한 뒤, 누가 마음에 들었는지 알려주는 식으로 실험은 진행이 되었다.

스피드 데이팅의 참가자 중에는 게겐 박사가 심어둔 실험 도우미가 있었다. 그녀의 임무는 스피드 데이팅이 진행되는 동안 상대 남성의 언어적, 비언어적 행동을 조금씩 모방하는 것이었다. 살짝 시간차를 두고 말이다. 결과는 놀랍게도 스피드 데이팅에 참가한 대부분의 남성이 자신들을 모방한 여성에게 많은 관심을 보였다는 것이다.

이것으로 끝이 아니다. 게겐 박사는 세일즈 상황에서도 비슷한 실험을 해 보았다. 판매자가 고객의 행동과 언어를 살짝 모방하는 전략을 사용하도록 판매자를 교육한 것이다. 그 결과 놀랍게도 판매실적이 좋아졌다.

어째서 이런 일이 일어나는 것일까? 뇌에는 상대를 이해하고, 공감하기 위한 기관이 있다. 상대방을 무의식적으로 모방하는 것은 '거울 뉴런'에 의해서 일어나는데 누군가에게 호감을 느끼고 두 사람이 신뢰감 있는 관계를 구축하게 되면 자연스럽게 모방행위가 일어난다.

호감을 쉽고 빠르게 얻기 위해서는 이 원리를 이용하여 상대방과의 관계를 살짝 해킹하는 것이다. 내가 먼저 상대방이 보여주는 언어적, 비언어적 행동을 모방하면 두 사람의 관계는 보다 호감 있는 관계로 빠르게 진전된다. 이러한 행동을 자기계발 시스템 '신경언어프로그래밍'에서 맞추기 또는 매칭Matching이라고 부른다.

나는 이 간단하고도 강력한 기술을 처음 사용했을 때 일어난 일에 크게 감명을 받고 진지하게 대화의 기술을 학습했다. 그 당시 무릎에 문제가 있어서 정형외과에서 물리치료를 받으러 다녔는데 그때 나를 도와주던 간호사들 중 한 명과 인사를 나누다가 문득 생각이 나서 이 매칭의 기술을 사용해 보았다.

평상시라면 패드를 허벅지에 붙여주고 자리를 뜨던 간호사가 그때는 5분, 10분을 넘어 20분 정도 계속해서 나와 이야기를 하는 일이 일어났다. 심지어 나는 더 이상 할 말이 없어서 그만 가줬으면 할 정도였다. 하지만 그녀는 멈추지 않고 이야기하고 또 이야기하다가 그녀의 동료가 부르고 나서야 나를 내버려두게 되었다.

매칭의 기술은 잘못 교육되는 경우가 많은 기술이기도 하다. 이 기술을 잘못 배워서 사용하다가 대체 왜 그런 식으로 행동하냐며 호감은 커녕 경계심을 산 사람도 많다. 그래서 처음 배울 때 제대로 배워야 한다. 여기 매칭의 기술을 올바르고 적절한 방식으로 사용하는 법이 있다.

1. 상대방의 행동을 실시간으로 따라하지 않는다(최소 10초의 텀을 둔다).
2. 상대방의 행동을 전부 따라하지 않는다(최대 3분의 1만 따라 한다).
3. 상대방의 맥락 의존적 행동을 따라하지 않는다(따라 해도 되는 맥락의 것만 따라 한다).

이 세 가지 포인트를 잘 숙지하면 아주 강력하고 유용하게 매칭의 기술을 사용할 수 있을 것이다. 매칭할 수 있는 것은 몸의 자세, 얼굴의 표정, 무게중심의 위치, 손의 사용 등이 있고 더해서 목소리의 톤이나 속도, 호흡의 패턴 등을 따라할 수도 있다. 언어적인 면에서는 상대방이 자주 사용하는 단어를 사용하는 것이 도움이 된다.

이렇게 매칭을 하기 전에 주의해야 할 점을 한 가지 더 이야기해 보자면 매칭 전에 우선 나의 무의식이 안정된 상태를 확보해야 한다는 것이다. 사람들은 매칭을 하고자 하는 마음에 집착하거나, 만약 안되면 어떻게 할지에 대한 걱정 또는 조급함 때문에 너무 흥분된 상태에서 매칭을 하려고 한다. 이렇게 하면 원하는 만큼의 결과를 내지 못할 수도 있다.

왜냐하면 신경계가 불안정한 상태에서 매칭을 하면, 우리의 무의식은 상대방이 발산하는 사회적 신호보단 위험과 도피를 위한 신호를 캐치하기 때문이다. 그것은 적절한 방식으로 매칭 하는 것을 막는다.

예를 들어서 우리의 신경계가 흥분하고 무의식이 투쟁과 도피에 어울리는 식으로 반응할 때는 중립적인 신호에도 부정적으로 반응하게 된다. 아무런 의도 없는 단어와 표정이 공격적으로 느껴지거나, 불안하게 느껴지는 것이다. 매칭을 하기 위해 흥분한 상태에서 상대방이 발하는 신체언어를 살필 때, 이러한 일이 일어날 수 있음을 이해하고, 충분히 이완된 상태에서 매칭 연습을 진행해 보는 것을 추천한다.

목소리로 홀려라

사람을 잘 이끄는 사람은 목소리에 묘한 마력이 있다. 사람을 끌어 들이고, 빨려들게 하는 힘이 그 목소리에 존재한다. 나는 자기계발을 주제로 유튜브 채널을 운영하고 있는데 이른바 유튜브 전문가들과 컨 설턴트들이 하나 같이 커지기 어렵다고 주장하는 분야가 바로 자기계 발 분야이다.

내 수업을 듣던 한 학생이 자기계발 유튜버가 되고 싶다고 유튜브 기획사에 문의를 했다. 취미로 할 거라면 열심히 해 보고 프로로 할 거면 활로를 찾기 위해서 정말로 여러 가지를 해야 할 것이라는 답변 을 들었다. 그는 '그거 잘 안될 거예요'와 같은 느낌으로 들렸다고 했 다. 하지만 그럼에도 불구하고 나는 자기계발 콘텐츠로 10만 명이 넘 는 구독자를 보유하고 있는데 거기에 가장 도움이 되었던 무기 중 하 나가 목소리다.

내 채널의 영상을 보는 사람들은 목소리가 좋아서 계속 듣고 있다는 피드백을 자주 준다. 일단 목소리가 좋아서 구독한다는 이야기도 자주 나온다. 물론 도움되는 내용을 담아서 촬영을 하지만 목소리의 힘이 없었으면 지금만큼의 성과가 나오지 않았을 것이다. 그럼 나의 목소리는 어떤 비밀이 있기에 10만 명의 사람을 끌어들였을까?

목소리는 몇 가지 기법과 훈련법이 있는데 이것을 이해하고 훈련하면 누구나 영향력 있고 설득력 있는 목소리를 낼 수 있다. 첫 번째로 이해해야 할 것은 자세이다. 자세는 목소리에 큰 영향을 미친다. 말을 하고, 소리를 낼 때 영향을 미치는 기관들이 세 가지 정도 존재한다. 우리의 호흡기와 성대와 입안의 공간이다. 그리고 이 기관들은 당연히 우리의 몸 안에 있는데 이러한 기관들이 잘 기능할수록 좋은 발성을 할 수 있게 된다. 발성이 좋으면 목소리는 듣기 좋은 소리, 사람을 끌어당기는 소리가 된다. 그러면 어떻게 해야 우리의 발성 기관들이 잘 기능할 수 있을까?

답은 쓸데없는 근육의 긴장으로 발성 기관을 방해하지 않는 것이다. 인체에는 자세를 유지하기 위한 근육이 있고, 자세 유지가 아니라 다른 것을 위해 쓰이는 근육들이 있다. 이 근육들 중 일부는 자세가 불안정할 때 발성에 쓰이는 기관들을 압박하고 방해한다. 그러니 자세 유지근을 바르게 사용해서 올바른 자세로 서고 앉으면 자세 유지를 위해서 쓸데없는 근육들이 작동하지 않아도 되고, 발성기관도 방해하지 않는다.

시험 삼아서 해 보기 바란다. 앉아 있건, 서 있건 상관없다. 가슴을 최대한 움푹 들어가게 등을 구부리고 어깨가 움츠려들게 자세를 취해 보라. 그 자세를 10초 정도 유지해 보라. 어떤 느낌이 드는지 느껴보라. 크게 숨을 쉬려고 해봐도 잘 안될 것이다. 발성을 위해 필요한 기관들이 필요 이상으로 압박되고 있는 것이다. 그 상태에서 "나는 정말 자신감이 넘친다"라고 말해 보라. 그 목소리가 과연 자신감이 넘치는가?

의외로 많은 사람들이 자신의 자세에 무관심하다. 왜냐하면 지금의 자세가 익숙하고, 편하기 때문이다. 하지만 목소리의 힘을 깨우기 위해서는 자신의 자세를 확인해 봐야 한다. 이제 좋은 목소리를 위한 자세를 만들어 볼 차례다. 먼저 움츠러든 자세와 앞으로 설명할 똑바로 선 자세 중 어떠한 자세가 평소의 자신의 자세에 가까운지를 확인해 보라.

코 위에 이마가 있다. 그 이마가 얇은 판자라고 생각을 해주기 바란다. 코 위에 아슬아슬하게 서 있는 그 판자는 우리가 고개를 앞으로 숙이면 앞으로 쓰러질 것이고, 너무 뒤로 젖히면 뒤로 쓰러질 것이다. 지금부터 그 판자가 쓰러지지 않게 똑바로 선 상태에서 최대한 위로 올라가도록 몸을 펴보기 바란다. 그러면 몸이 늘어나는 것이 느껴질 것이다. 몸을 편 상태에서 어깨와 목, 가슴의 힘을 빼주기 바란다. 그게 쉽지 않다면 그 부위를 좀 흔들거나 털면서 빼면 쉽다.
그 상태에서 거울을 보면 똑바로 서 있는 자신의 모습을 발견할 수 있을 것이다. 그 자세는 권위를 가진 자세이며 주변에 존중을 명령하는 자세이다. 그리고 우리가 쉽고, 자연스럽게 발성할 수 있는 자세인데 그 상태에서 "나는 정말 자신감이 넘친다"라는 말을 해 보라. 어떤 차이가 있는가? 아마 훨씬 자신감 넘치고, 듣기 좋은 목소리를 낼 수 있을 것이다.

이것이 목소리의 힘을 갖는 첫 번째 연습인 '바르게 서기'이다. 두 번째 연습을 위해 당신이 떠올릴 수 있는 기억 중에 일정한 리듬이 반복되는 평화롭고 기분 좋은 장면을 떠올려 보라. 음악도 좋고, 자연 풍경도 좋다. 리드미컬하게 움직이는 너무 자극적이지 않은 장면이다.

그 장면에 몰입해 주기 바란다. 그 리듬 속에 당신이 하나가 되었다고 생각하라. 예를 들어 햇빛이 비추는 평화로운 숲 속에서 새가 일정한 리듬으로 지저귀는 것을 떠올린다. 그리고 지금 그 숲속에 있는 것처럼 느껴보는 것이다. 충분히 시간을 들여 본다.

자, 이제 그 상태에서 당신이 자신에 대해서 소개를 해 보는 것이다. 혼자 말해 보라. 이름은 무엇이고, 뭘 하는 사람이고 뭘 좋아하는지 이야기를 입 밖으로 내서 해 보라. 단 편안한 리듬의 장면은 계속 떠올린 상태여야 한다. 그 공간의 에너지가 목소리에 묻어나오게끔 해 보는 것이다.

이 연습을 통해 우리의 몸과 마음속에 시작된 기분 좋은 공간을 목소리를 통해서 주변에 퍼트릴 수 있게 된다. 반대로 이번엔 아주 급하고 불안하고 불편한 공간을 떠올려보라. 이제 그 장면에 깊숙이 들어가 보라.

예를 들면 아주 바쁜 사무실에서 사람들은 소리치고 나는 대체 여기서 무엇을 하는 것인가 하는 기분으로 살짝 멍해져있고 누군가 나에게 고함을 치는 그런 장면이 될 수 있다. 이제 그 장면을 마음과 몸에 담은 채로 다시 한번 자기소개를 해 보라.

당신의 목소리는 어떤가? 빠르기는 어떻고, 몸의 동작은 어떠한가? 분명히 달라졌을 것이다. 이렇게 우리는 내적으로 어떠한 장면을 가지고 있느냐에 따라서 다른 목소리를 내게 된다. 이것은 무의식이 의식적으로는 컨트롤하지 못하는 수준에서 신체를 조작해 목소리를 다르게 내도록 하는 것이다.

바르게 서기 훈련과 적절한 장면을 내면에 담는 연습을 하게 되면 목소리는 지금에 비해서 더 매력적이고 힘이 생길 것이다. 그 힘은 원하는 바를 이루어 나가는 데 큰 도움이 될 것이고 상대에게 호감을 얻는데도 도움이 될 것이다. 당신의 영향력을 높이기 위해서 목소리의 힘은 필수적이다. 부디 가볍게 넘기지 말고 꼭 연습해서 강력한 무기를 갖기 바란다.

이성을 다루는 법

하버드 대학교의 엘렌 랭어 박사는 재밌는 실험을 한 적이 있다.

복사기가 지금과 같이 빠르고 좋지 않았을 때 대학에서는 복사기를 사용하기 위해 사람들이 길게 줄 서서 자신의 차례를 기다리곤 했다. 그런 상황에서 대기 줄의 맨 앞 사람에게 서류를 다섯 장 들고 가서 내가 먼저 복사할 수 있겠냐고 물어본다. 그때 과연 얼마나 많은 사람이 양보해 주는지가 실험에 내용이었다.

첫 번째 그룹에겐 그냥 자신이 먼저 하면 안 되는지 물어보았고 두 번째 그룹에게는 언어적 기술을 사용하며 물어봤다. 첫 번째 그룹은 100명 중 60명이 실험자에게 양보하였다. 두 번째 그룹은 100명 중의 93명이 양보했다. 어떤 차이가 있었을까?

차이는 바로 부탁할 때 사용한 언어의 구조에 있다. 첫 번째 그룹은 "내가 먼저 복사해도 될까요?"라는 식이었다면 두 번째 그룹은 "내가 먼저 복사해도 될까요? 왜냐하면 이걸 정말 먼저 복사해야 하거든요"라고 요청했다. 실제로는 아무런 설명이 되지 않으나 구조적으로는 문장 속에서 이유를 제시한 것이다. 이러한 언어구조를 적용하자 그냥 부탁했을 때는 자신의 권리를 양보하지 않던 30명이 그 긴 대기시간을 통해 얻은 권리를 양보해 준 것이다.

'배부른 돼지보다는, 배고픈 소크라테스가 되겠다'라는 말이 있다. 소크라테스는 합리성, 이성을 가진 인물을 상징한다고 볼 수 있다. 하지만 사람들의 머릿속의 소크라테스가 배가 불러서 곯아떨어지게 하는 것은 생각보다 아주 쉬운 일이다. 극소수의 경우를 제외하고는 이성적으로, 합리적으로 보이는 '구조'를 제시하는 것만으로 내용과 상관없이 우리의 비판적인 사고는 눈을 감는다.

이러한 논리와 합리성의 구조를 띠고는 있지만, 실제로는 타당하지 않은 제안의 구조를 '유사 논리적 제안pseudo logical suggestion'이라고 부른다. 예를 들면 아래와 같다.

"당신은 하루에 2리터씩 물을 마시는 것이 당신의 건강과 미용에 좋은 영향을 미칩니다. 그렇기 때문에 당신은 하루에 2리터 이상의 물을 마시는 것이 필요합니다. 왜냐면 물을 마실수록 당신의 건강과 미용에 도움이 되기 때문입니다." 극단적인 예를 보여주기 위해서 동일한 문장을 계속 반복했다. 마치 제대로 된 근거가 있는 것처럼 보이지만 내용이 아니라 문장의 구조에 의해서 그렇게 느껴지는 것이다.

유사 논리적 제안의 핵심은 '왜'를 물을 필요가 없게 함에 있다. '왜'는 비판적 사고의 핵심이기 때문이다. 대개 다음과 같은 언어적 조각이 유사 논리적 제안을 만드는 데 사용된다.

'왜냐하면', '~가 ~하는 이유다', '그 이유는', '그렇기 때문에' 등과 같은 것이 어떤 제안과 그것을 위한 이유를 제공하는 형식이다. 물론 제안에 따라오는 이유가 타당하면 타당할수록 제안의 힘은 강력해진다. 하지만 그 이전에 제안과 함께 이유가 등장한다는 구조의 강력함을 주목해야 한다. 적당한 이유는 분명히 가까운 곳에서 발견할 수 있을 것이다. 왜냐하면 뇌는 구조를 만들고 나면 내용물을 채워 넣는 것은 아주 잘 하기 때문이다.

지금도 내가 유사 논리적 제안을 당신에게 제시한 것을 알아차렸는가? 이것이 바로 당신이 유사 논리적 제안을 익혀야 하는 이유이다. 그렇지 않으면 언제 당신이 유사 논리적 제안의 희생양이 될지 모른다.

연습해 보기 바란다. '나는 멋지다'라는 문장을 유사논리적 제안으로 만들어 보라. 예를 들면 '나는 이 책을 읽고 있다. 그렇기 때문에 나는 멋지다. 왜냐하면 이 책을 읽는 게 나를 멋진 사람으로 만들기 때문이다' 같은 식으로 말이다.

그리고 자신에게 얼마나 스스로가 멋진 사람인지 설득시켜주기 바란다. 왜냐하면 이 글을 읽고 있는 당신은 정말로 멋진 사람이기 때문에 그렇다.

이렇게 유사 논리적 구조를 만들어 내는 것이 익숙해졌으면, 형태만 그럴듯한 문장이 아니라 내용 수준에서도 그럴듯한 유사 논리적 제안을 만들어 낼 차례이다. 그럴 수도 있고 아닐 수도 있는 문장을 하나 만들어 보라. 나는 멋지다고 말하는 것도 좋고, 매일 아침 일어나서 대변을 봐야 한다는 문장도 괜찮다. 그 문장을 정했으면 그것을 뒷받침하는 이유를 어떻게든 다섯 가지를 떠올려보도록 한다. 그 이유는 사실이어도 좋고, 꼭 그렇지 않아도 된다. 우선 이유를 떠올리는 것이 중요하다.

예를 들면 다음과 같다. '수첩과 펜을 들고 다녀야 한다'라는 문장으로 정했다고 하면 최대한 빠르게 다섯 가지 이유를 떠올려보는 것이다.

1. 그래야 아이디어가 떠오를 때 적어둘 수 있다.
2. 그렇다면 지적으로 보일 것이다.
3. 매일 계획을 짜서 그것을 확인할 수 있다.
4. 돈을 쓸 수 있는 좋은 핑계가 생긴다.
5. 쓰는 연습을 함으로서 언어적 능력이 강화된다.

위와 같이 말이 어느 정도라도 되는 것 같다면 우선 떠올려 보는 것이다. 이렇게 나의 제안에 뒷받침하는 이유를 떠올리고 그것을 어떻게 하면 유사 논리적 구조로 설득력 있게 조합해서 말할 수 있을지 생각해 본다. 다음과 같이 할 수 있을 것이다.

'우리가 지적으로 보이게 되면 일을 하는데, 정말 도움이 될 것이다. 그렇기 때문에 수첩과 펜을 들고 다녀야 한다. 그렇게 되면 쓰는 연습을 습관적으로 함으로서 우리의 언어적 능력이 쉽게 강화될 수 있다. 또 번뜩이는 아이디어 또한 바로 적어둘 수 있다. 이것들이 우리가 수첩과 펜을 언제나 가지고 다녀야 할 이유이다.'

이런 식으로 문장으로 만들어 보는 것이다.

이렇게 유사 논리적 구조를 가지고 말하는 기술과 그 구조의 재료로 사용될 모종의 이유와 근거를 만들어 낼 수 있는 능력은 말의 힘을 기르는 데 유용하다. 당연히 근거로 사용할 정보가 정확하고 상대방을 잘 설득할 수 있는 것이면 가장 좋다. 하지만 내가 상대방에게 제안을 할 때 이유를 함께 전달하는 것으로도 상대방의 비판적 사고를 우회할 수 있다는 것이다.

이런 언어적 습관이 안 되면 머릿속에 아는 것은 많지만 정작 실시간으로 커뮤니케이션을 해야 할 때 할 말을 못하는 경우가 많다. 그래서 대화에서 설득력과 매력을 발휘하지 못하고 나중에 '왜 나는 그것을 알고 있었음에도 불구하고 그렇게 밖에 말하지 못하였는가'라는 후회를 하게 될 가능성이 높다.

요컨대 무엇을 말하는가는 당연히 중요하지만, 이 장에서 다룬 대화의 기술은 '어떻게 말할 것인가'라는 기술이다. 이번 장에서 다룬 유사 논리적 구조 만들기와 근거 떠올리기 연습을 꾸준히 하면 어디서나 상대에게 효과적으로 제안할 수 있을 것이다.

06

충동구매
시키는 법

　내 앞에 있는 사람이 나의 제안에 감성적이고 충동적으로 반응한다. 이것저것 신경 안 쓰고 내가 원하는 방향으로 상대가 따라준다. 상대방은 자신의 감정이 이끄는 대로 홀린 듯이 무언가를 하거나 생각한다. 하지만 사실은 내가 그렇게 행동하거나 생각하도록 제안한 것이다.

　우리가 다른 사람을 이 정도 수준에서 이끌 수 있게 된다면 세일즈, 사업, 협상에서 큰 이득을 얻을 수 있을 것이다. 또한 연인이나 친구 관계에서 지금과는 비교할 수 없이 깊은 사랑과 우정이 있는 관계를 맺게 될 것이다.

　이렇게 감정이 달려나가게 되면 이성적 사고를 잘 발휘할 수 있도록 훈련된 사람이 아니고서야 그 감정에 저항할 수가 없다. 이는 신경과학적인 관점에서도 확인해 볼 수 있다.

생물의 뇌가 진화하고 발달하는 과정에서 첫 번째로 형성되는 부위는 '뇌간'이라는 기초적인 생명 활동을 할 수 있게 하는 부분이다.

그 이후 포유류로 진화하면서 '변연계'라고 불리는 감정처리를 담당하는 뇌가 발달하고 마지막에 우리 인간만이 가지고 있는 '대뇌신피질'이 발달을 하게 되었다. 보다 이전에 발달된 뇌의 부분일수록 우리의 행동과 생각에 강력한 영향을 미치고, 상황이 안전하고 스트레스가 낮아질수록 늦게 발달된 뇌의 기능이 발휘되기 쉽다.

변연계가 강하게 활성화되면 대부분의 경우 신피질의 이성적·합리적 사고를 발휘하는 기능이 저하되게 된다. 실제로 무의식과 심리에 관여하는 사람들은 이러한 역동을 만들기 위한 기술을 연구한다. 상대방이 나의 제안을 더 잘 받아들이게 하려면 이성적 사고가 아닌 변연계의 감정적 반응에 호소하는 법을 알아야 한다.

대부분의 습관적·심리적 문제는 어떤 행동을 하거나, 안해야 하는 걸 몰라서 문제가 되는 것이 아니다. 잘 알지만 고치려 해도 잘 안되기 때문에 문제가 생긴다. 이러한 문제는 이성적인 생각으로 바꾸기가 쉽지 않다. 고치기 위해서는 변연계 수준의 반응, 감정적 마음에 호소하여 그 수준에서 영향을 미쳐야만 하는 것이다.

하지만 이 책에서는 습관적·심리적 문제해결을 위함이 아니니 실생활에서 상대에게 미치는 영향력과 설득력을 키우기 위한 방법을 소개하려고 한다. 이번 장에서는 자신이 원하는 제안을 상대의 감정적 마음에 새겨 넣는 기술을 설명한다.

우리의 의사결정에 '이성'이 미치는 영향은 실제보다 과대평가 되었고, '감정'과 '몸의 상태'가 미치는 영향은 과소평가되었다고 생각한다. 실제로 일어나는 일은 한 문장으로 정리하면 다음과 같다. '사람들은 감정에 의해 결정하고, 논리로 그 결정을 정당화한다.' 문제는 어떻게 나의 제안을 잘 받아들일만한 감정을 이끌어내느냐이다.

그 기술은 '생생하고 구체적이고 긍정적인 감정을 담은 이미지'를 만들어 내는 것이다. 생생하고 구체적이란 것은 살아있는 것처럼 느껴지고 무미건조하지 않다는 것이다. 이것을 위해서 여러 가지 감각채널을 이용할 필요가 있다. '빨간 사과' 보다는 '상큼한 냄새가 나고 반짝이는 빨간색 껍질이 매끄럽게 느껴지는 사과를 한 입 크게 베어 물기 직전의 상황'을 이야기하는 것이 조금 더 생생하고 살아있는 이미지를 만들 수 있다. 이것은 이미지에 디테일이 담긴 구체적인 언어이다.

물론 우리는 생생하고 구체적이지만 전혀 감정적이지 않은 이미지를 떠올려 볼 수 있다. '흰색 노트북 옆에 흰색 마우스가 놓여 있고 그 밑에 마우스패드가 있는데 그것을 만지니 매끄러운 느낌이고 마우스를 잡고 클릭하니 찰칵하는 소리가 들린다'라고 하는 문장은 어떤 장면을 구체적으로 묘사하고는 있지만 감정적인 장면을 묘사하고 있지는 않다.

하지만 당신에게 소중한 사람이 "정말 고맙다"라고 말하며 활짝 웃는 얼굴로 눈을 마주칠 때 느껴지는 기쁨과 당신을 꽉 안아줄 때 느껴지는 따뜻함은 큰 감정을 일으킨다. 당신을 둘러싼 안도감과 행복감, 몸으로 느껴지는 두 사람의 심장소리가 무의미한 노트북보다는 훨씬 더 큰 감정을 만들 것이다.

인간의 심리를 조작하는 사람들은 감정적인 이미지의 힘을 사용하여 무의식을 조작한다. 이제는 당신이 할 차례다. 언어를 통해서 구체적이고 생생한 이미지를 만들기 위해서는 우선 감각채널을 자극하는 단어를 사용하여 말하는 법을 배워야 한다. 감각채널이란 우리가 감각을 받아들이는 오감을 의미한다.

오렌지를 다섯 가지 감각채널을 통하여 묘사해 보기 바란다. 입 밖으로 소리 내서 상상 속의 오렌지에 대해서 이야기해 보라. 단 듣는 사람은 오감 수준에서 오렌지에 대해 떠올릴 수 있어야 한다. 예를 들면, 오렌지색의 동그란 오렌지는 상큼한 냄새가 나고 맛은 달콤하며 손으로 표면을 만지면 우둘투둘하지만 매끄러운 것이 동시에 느껴진다. 껍질 채로 한 입 깨물면 먼저 껍질의 쓴맛이 입에 퍼지고 과육의 단맛이 느껴진다. 오렌지 껍질이 치아에 의해서 뜯겨나가는 소리가 들리고 오렌지를 씹는 소리가 입속에서 들려온다.

위와 같이 다섯 가지 감각채널을 전부 활용하여 내가 제시하는 이미지를 떠올릴 수 있게 말하는 것이다. 물론 실제로 다른 사람에게 이미지를 제시할 때는 언제나 오감을 전부 사용할 필요는 없으나 되도록 세 가지 이상의 감각채널을 사용하는 것이 구체적이고 생생한 이미지를 제시하는 데 도움이 된다.

다음으로는 당신에게 긍정적인 감정을 주는 이미지를 구체적으로 묘사해 보는 연습을 해 보기 바란다. 안정감을 주는 이미지일 수도 있고 흥분감이나 성취감을 고조시키는 이미지일 수도 있다. 그렇게 감정적인 이미지를 묘사하면서 오렌지를 묘사할 때와 어떤 차이가 있는지 느껴보기 바란다.

강력한 영향력을 발휘하고자 한다면 자연스럽게 긍정적인 감정의 이미지를 구체적이고 생생하게 상대방의 머릿속에 불러낼 수 있어야 한다. 그렇게 되면 상대는 당신의 말에 완전히 집중해서 몸을 당신에게 기울이고, 무의식적으로 동의하는 소리를 내며 고개를 끄덕이고 있을 것이다.

이미지를 만드는 것이 익숙해지면 당신이 어떤 감정을 사용하여 이미지를 만들면 좋을지 생각해 보라. 어쩌면 그 감정은 연결감이나 설렘, 두근거림일 수 있다. 또는 자신감이나 소중한 사람에게 무언가를 해주었다는 보람일 수도 있다. 당신이 많은 종류의 감정적 이미지를 잘 불러낼 수 있다면 영향력이 더 큰 사람이 될 것이다.

이야기를
야기하라

우리는 언제 어디서나 리더가 될 수는 없고 될 필요도 없다. 내가 원하고 필요할 때는 대화의 기술을 사용하여 매혹적 리더십을 발휘하고 그렇지 않을 때는 굳이 리더가 되려고 하지 않아도 된다. 지금부터 이야기할 것은 리더십을 발휘하며 다른 사람을 내가 원하는 대로 유도하고 싶을 때 자연스럽게 그것을 가능하게 만드는 기술이다.

그렇게 하기 전에 여태까지 배워온 조각들을 다시 살펴보고 이것들을 어떻게 조합해야 가장 강력하고 영향력 있는 형태가 될 것인지에 대해서 이야기해 볼 것이다. 우선 우리는 비언어적 커뮤니케이션의 힘을 이해하고 사용할 수 있어야 한다. 당신의 태도, 자세, 목소리는 바로 비언어적 제안이 되어서 상대방에게 영향을 미친다. 당신이 원하던 원치 않던 말이다. 우리는 비언어적 신호가 타인에게 영향을 미치는 것을 결코 멈추게 할 수는 없다. 단지, 어떤 비언어적 신호를 사용할지 선택할 뿐이다.

앞서 호감과 안전함을 두르고 상대와 동질성을 발견하고 공유하는 매칭과 바른 자세에서 나오는 매혹적인 목소리에 대해 알아보았다. 이것들은 비언어적인 부분에 속한다. 어떤 태도와 분위기로 상대의 비언어적 신호에 반응하며, 어떤 목소리를 낼 것인지 평소에 훈련을 하라. 리더십을 발휘하고자 하는 순간 이러한 기법들은 의식적인 수준이 아니라 무의식적인 수준에서 먼저 우리를 돕기 시작할 것이다.

언어적인 부분에서는 유사 논리적 제안과 오감을 활용해 감정적인 이미지를 유도하는 법을 배웠다. 비판적 사고를 잠재우고 감정을 움직여서 상대방을 내가 제안하는 대로 유도할 수 있는 방법들이다. 문제는 우리가 배운 것을 어떻게 하나로 통합하여 사용하는 가이다.

내가 최면을 통해서 비즈니스를 해 보겠다고 시작한지 얼마 되지 않았을 때였다. 아무도 나를 알지 못했고 나에게 최면술을 배워야 할 이유가 없던 시절의 이야기다. 사람들에게 최면술의 장점을 나열해서 프레젠테이션을 해도 사람들은 시큰둥한 반응을 보일 뿐이었다. 강연장에 사람을 모아두고 빽빽하게 나열된 글자를 읽으며 최면을 배워야 한다고 열변을 토하는 그런 장면을 떠올릴 수 있을 것이다. 하지만 결과는 시원치 않았다. 사람들은 최면 관련 경험이 없는 나를 믿어주지 않았다. 내가 그들을 설득하려고 하면 할수록 그들의 표정에는 의구심이 떠올랐다. 그러던 중 모든 것을 바꾼 한순간이 찾아왔다. 청중 중 한 명이 이렇게 물었다. "다 좋은 건 알겠는데 강사님의 개인적인 경험은 뭐가 있어요?"

나는 내가 최면으로 불안감에서 벗어나도록 도운 한 여성의 이야기를 들려주었다. L씨가 상담실을 찾아왔을 때 쭈뼛거리며 불안한 눈빛으로 인사를 했다. '안녕하세요'라고 하던 그녀의 목소리에는 힘이 없었다. 의자에 그녀가 앉아있는 것을 보는 것만으로 나는 어딘지 모르게 안절부절 못하게 되는 느낌이었다.

상담을 시작하였고 나는 그녀를 이완되고 집중된 상태로 이끌었다. 그리고 그녀의 마음속에 하나의 이미지를 만들기 시작했다. 그녀가 차분한 목소리로 말하기 시작하자 주변 사람들이 미묘하게 그녀에게 빨려들었고 신뢰하는 눈빛으로 그녀를 바라보았다. 그들이 그녀에게 말하는 목소리에서 호감과 애정을 느낄 수 있었다. 나는 그녀가 이러한 장면을 떠올리도록 도왔다. 그리고 언제든지 그렇게 될 수 있다고 말해 주었다. 그전에도 그녀가 떠올린 장면처럼 될 수 있었으나, 다만 하는 방법을 몰랐기 때문이라고 인식시켜 주었다.

그렇게 그 최면상담이 끝나고 눈을 뜬 그녀는 완전히 다른 사람이 되어 있었다. 처음으로 나를 똑바로 바라보고, 어딘지 모르게 비겁하거나, 무언가를 숨기려는 의도가 아닌 진정으로 웃는 얼굴로 나와 함께 이야기했다. 목소리는 듣고 있으면 공간이 밝아지는 듯했다. 짧은 상담이었지만 그녀의 무의식을 완전히 바꾸어 놓았기 때문이다.

내가 이 이야기를 설명회에 온 사람들에게 들려주자 놀랍게도 그들은 의구심 가득한 얼굴이 아닌, 그런 경험을 해 보고 싶다는 표정으로 완전히 나에게 몰입하고 있었다. 그리고 그 후 열린 나의 최면상담법 클래스는 아주 성공적으로 진행이 되었다.

지금처럼 이야기를 통해서 제안을 전달하는 것을 '스토리텔링'이라고 이야기한다. 스토리텔링 기법은 전설적인 최면가이자 정신과의사였던 밀턴 에릭슨이 발달시킨 최면기법의 일종이다. 그는 이 기법을 통해서 환자를 치료하고, 사람들에게 영향 미치는 것을 잘했다. 사람들은 스토리에 대해서 하나하나 따지기 보다는 우선 들으려는 경향을 가지고 있다. 그리고 무의식은 스토리를 통해서 무언가를 배우는 것을 잘 해낸다.

그러면 어떻게 스토리를 만들어서 자연스럽게 사람들의 무의식을 사로잡을 수 있을까? 기본적으로 배경-위기-해결 구조를 가지고 이야기하면 된다. 우선 시작점을 공유해야 한다. 어떤 상황에서 일어난 일이었는지 사람들이 시작지점을 알 수 있게 공유해주는 것이다. 나의 경우는 내가 최면술 교육으로 비즈니스를 시작하고 설명회를 하려는 장면으로 시작했다. 그리고 위기가 등장한다. 위기란 문제이다. 내경우는 말은 열심히 하는데 설득력을 가지지 못하고 사람들이 의구심을 가지게 되는 장면을 위기로서 제공했다. 그다음은 해결 부분이다. 어떻게 그 위기가 해결이 되었는가에 해당하는 장면이다. 내 이야기에서는 스토리텔링을 통해 사람들의 무의식을 자극하여 해결하는 장면을 제공했다. 구조를 따라가는 것과 동시에 우리는 긍정적인 감정을 생생하게 불러일으킬 수 있는 이미지를 만들어주어야 한다.

앞장에서 다룬 상대에게 영향력을 미치고 설득력을 높이는 언어적·비언어적 기법을 하나로 묶는 데 사용할 수 있는 기법이 바로 스토리텔링이다. 순서는 다음과 같이 진행해야 한다.

첫 번째로 자신의 정신 상태를 통제해야 한다.

두 번째로는 상대의 호감을 획득해야 한다.

세 번째로 설득력 있는 목소리를 통해서 이야기한다.

네 번째로는 제안을 유사 논리적 제안의 형태로 전달한다.

다섯 번째로 당신이 불러내고 싶은 긍정적인 감정의 이미지를 만들 수 있는 스토리를 이야기한다.

네 번째의 유사 논리적 제안을 하기 위한 이유가 충분치 않아도 걱정할 필요가 없다. 왜냐하면 당신이 그 이유에 대해서 말한다고 이야기하는 것만으로도 논리적 사고를 잠재울 수 있는 구조가 되기 때문이다.

당신의 스토리 중에 적절한 상황이 있는지 고민하지 않아도 된다. 위의 상담클래스 설명회의 이야기는 내가 즉석에서 지어낸 이야기이다. 다른 최면가가 나에게 해준 이야기를 바탕으로 말이다. 여러분이 들으려고 하고 모으려고 하면 세상에는 매혹적인 스토리가 넘쳐난다. 그것을 여러분은 가져다가 긍정적 이미지를 잘 만들 수 있도록 전달하기만 하면 된다.

지금까지 상대에게 영향력을 미치는 기술에 대해 배웠다. 이 여정을 거의 마치게 된 당신에게 마지막으로 한 가지 당부를 하고자 한다. 효과적인 커뮤니케이션과 윤리적인 커뮤니케이션에 관한 이야기이다. 세상에는 윤리적으로 옳고 좋은 말이지만, 효과가 없는 방식으로 전달하는 사람들이 있다. 반대로 비윤리적이고 그 말을 들으면 오히려 인생에 해가 되지만 효과적인 방식으로 전달하는 사람들이 있다. 이글을 읽는 여러분은 부디 윤리적이고 상대방에게 도움이 되는 말을 효과적인 방식으로 전달하기바란다.

당신이 올라가는 기둥은
누구의 것인가?

《꽃들에게 희망을》이라는 책을 보면 세상에 처음 태어난 호랑나비 애벌레는 '삶의 의미'를 찾아 여행을 시작한다. 수많은 애벌레가 올라가려는 기둥을 발견한 줄무늬 애벌레는 그 기둥 너머에 희망이 있을 거라고 생각한다. 그리고 수단과 방법을 가리지 않고 그곳으로 올라간다. 아무도 그 정상에는 희망이 없다는 진실을 알려주지 않는다. 마치 많은 사람들이 하는 행동을 비유적이지만 있는 그대로 보여주는 것이 아닌가 한다.

그냥 물 흘러가는 대로 시간을 보내면 회사를 나올 때 심리적으로 무너진다. 상담을 하면서 많은 사람들이 은퇴시기에 극도의 고통을 경험한다는 것을 알게 되었다. 그들에게 회사는 힘들고 고통스럽지만 유일한 에너지 분출구였다. 그런 회사에서 나오게 되었을 때, 그들은 충격을 받아들일 준비가 되어있지 않았다. 이미 몸은 망가지고 회사가 아닌 곳에서 아무것도 할 수 없는 자신을 받아들이는 과정은 고통 그 자체다. 자신에게 삶의 이유를 만들어 주었던 곳을 벗어나면 자신의 존재를 부정당하고 이제는 쓸모없는 존재가 된 느낌을 받는다. 이미 늦었다는 생각은 그 아픔을 증폭시켜 위로할 수 없는 상태가 된다.

사람들은 한 번뿐인 인생이라는 것을 머리로는 알지만 그것에 맞게 행동하는지는 의문이다. 자신이 진짜로 원하는 것이 무엇인지 모른체 살아가는 사람들이 많다. 그래서 반대로 다른 사람이 나를 어떻게 보는지에 민감하다. 자기 기준, 원칙, 신념이 바로 서있지 않기 때문이다. 외부 요소에 삶이 흔들리고 행복의 기준 역시 외부에 있다.

지금은 돈이 많으면 행복해질 것처럼 느낄지도 모른다. 하지만 더 중요한 것은 내적 불일치가 있는지의 여부다. 내가 원했던 모습대로 지금 살아가고 있는지와 관련한 것이다. 완벽한 삶을 이야기하는 것이 아니다. 아직 완성되지 않았더라도 지금 내가 서있는 지점이 올바른 방향과 과정 속에 있는지에 대한 내적 일치 여부다. 지금 자신이 잘못된 과정 속에 있고 내가 원하는 모습이 아니라면 누구나 심리적인 고통을 받을 것이다. 머리로 아무리 괜찮다고 합리화해도 마음은 진실을 알고 있다. 다른 사람은 속여도 자신을 속이기는 힘들다. 우리의 깊은 내면은 이미 정답을 알고 있다.

자신의 존재이유를 느끼고 그대로 살아갈 수 있어야 한다. 이 일을 하면 할수록 내가 성장한다는 느낌과 내가 내 주변에 가치를 제공하고 그것을 통해 돈을 벌어 살아가는 진정한 가치교환이 일어나야 한다. 이것이 살맛나는 삶의 경험이다.

의식적으로 선택하지 않으면 다른 사람의 기둥을 올라가게 된다. 귀찮아서 놔두면 나중에 정말로 귀찮아질 것이다. 대가를 치러야 한다. 누구를 탓할 수도 없을 것이다. 주위 사람들도 다 똑같이 사는데 왜 너만 그러냐고 할지도 모르지만 방치하고 외면하면 후회하는 삶을 살게 될 것이다.

'빡배말'은 단순한 외적 방법론이 아니다. 오히려 내적 방법론에 가깝다. 빡세게 배우고 말하도록 하는 내적 심리상태를 이야기한다. 어떤 마음가짐과 준비가 필요한지에 대한 하나의 메뉴얼이다. 나는 빡배말이 자신에게 맞는 일을 하고 자아실현을 하기 위한 유일한 방법이라 생각한다.

기회의 관점에서 다시 세상을 바라보길 바란다. 정말 기회가 없을까? 문제는 모두가 열심히 사는데 나아지는 게 없다는 것이다. 정말로 살아남기 위해서 이렇게까지 노력하고 경쟁해야 하나 싶을 정도다. 그런데 이렇게 열심히 하면 할수록 삶은 더 나빠지는 것 같다. 모두가 더 나은 삶을 원할 거라 생각한다. 하지만 하라는 대로 최선을 다해도 쳇바퀴 도는 느낌이 들 것이다. 앞에서 이야기한 《꽃들에게 희망을》이라는 책처럼 당신이 올라가는 기둥이 누구를 위한 것인지 생각해 볼 필요가 있다. 그렇지 않으면 꼭대기에 올라가서 다같이 "헬조선!"이라는 단어를 외치며 헛웃음을 치게 될지도 모른다.

사람은 변화를 원하지만 실제로 변화가 오면 저항한다. 오히려 무의식은 변화에 저항하도록 프로그램되어 있다. 그것은 쉽게 바뀌면 안 되는 정보이기 때문이다. 그래서 진짜 변화를 위해서는 기존의 강한 저항을 뚫어낼 큰 에너지와 방법이 필요하다.

당신에게 이 책이 그러한 큰 에너지와 방법이 되길 바란다. 그리고 당신에게 '용기'를 주길 바란다. 무엇이 될지 모르지만, 자신만의 분야를 만들어라. 그러면 새로운 시각이 열릴 것이다. 어쩌면 '빡배말'을 꾸준히 하다 보면 인식하지 못했던 방안이 떠오를지도 모른다. 실력을 쌓으면 자연스럽게 자신감이 생긴다. 처음부터 완벽할 순 없지만 자신만의 성장스토리가 생기면, 그것에 열광하는 자신만의 마켓을 만들 수 있다. 하면 할수록 소모하는, 지치는 느낌이 아니라, 하면 할수록 자산이 늘어나는 기분을 말한다.

당신도 이 길을 함께 했으면 한다.

부록

빡배말 실행을 위한
셀프코칭 기술
- 그로우 저널링 -

나, 알버트 코치는 코칭을 직업으로 삼고 있다. 코칭은 인간의 긍정적 변화를 일으키기 위한 실용적 기술이다. 많은 연구와 경험을 통해 만든 코칭 노하우로 나는 클라이언트가 금전적으로, 관계적으로, 감정적으로 성공하도록 도울 수 있었다. 하지만 그러면서 아쉬운 점이 언제나 있었다. 그것은 내가 직접 옆에서 코칭하지 않아도 사람들의 변화를 효과적으로 도울 수 있는 방법이 무엇일까 하는 것이다. 왜냐하면 내 몸은 하나고, 나의 하루는 24시간뿐이라 도움이 필요한 사람을 모두 도울 수 없었기 때문이다. 그러다 나는 내가 사용하고 있고, 내가 아는 몇 명의 사람들이 사용하고 있는 성공적이고 효과적인 한 방법이 떠올랐다. 생각해 보면 이 방법론을 꾸준히 실행한 사람치고 인생이 긍정적으로 변하지 않은 사람은 없었다. 그 방법론이 바로 셀프코칭 저널링이다. 셀프코칭과 저널링을 합친 이 방법은 스스로를 코칭하면서 그 과정을 저널에 기록하는 방법이다. 셀프코칭의 과정이 GROW의 순서로 이루어져서 나는 이것을 '그로우 저널링'이라고 이름 붙였다.

GROW 공식은 목표Goal, 현실Reality, 옵션Option, 행동의지Will to Action의 머리글자를 따서 이름 붙여졌다. GROW에 해당하는 네 가지 요소는 자기계발과 인간성장의 네 가지 기둥이라고 해도 과언이 아닐 정도로 중요하고 효과적인 것들이다.

G : 목표설정

G단계에서는 셀프코칭의 전반적 방향과 틀을 잡아주는 목적성을 분명하게 해야 한다. 우리가 앞으로 해나갈 자문자답은 목적성의 명확한 설정 없이는 이루어질 수 없고, 이루어지는 것 같아도 방황하게 된다. 내가 여러 강연장에서 많이 듣는 질문은 다음과 같은 형식이다. '제가 이러이러한 상황에 있다. 어떻게 해야 할까요?' 그러면 나는 이렇게 되물었다. '어떻게 하고 싶으세요?' 사실 저렇게 되묻지 않고서는 정확한 답을 하기가 어렵다. 왜냐하면 언제나 현실인식과 그에 대한 대안을 생각하기 전에 목적성이 설정되어야 하기 때문이다.

G단계에서 문답을 통해 내가 원하는 것이 무엇인지 정하고 앞으로의 방향성에 대한 결정의 기반을 얻는 것과 우리의 뇌가 표적을 가짐으로써 그 능력을 발휘할 수 있게 해주는 것에 초점이 맞추어진다. 이것은 무엇에 집중하고, 무엇을 신경 쓰지 않을 것인가에 대한 질문이기도 하다. 우리의 능력은 제한되어 있기에 무언가를 고른다는 것은 다른 무언가를 포기한다는 의미이기도 하다.

어떤 것에 집중하면 뇌는 그 외의 것에 둔감해지게 된다. 이 원리를 이용해서 우리는 삶에서 없애고자 하는 것, 또는 줄이고자 하는 것과 반대되는 목적을 세워서 자신의 일상을 바꾸어나갈 수도 있다.

그러면 어떠한 질문이 구체적이고 이유 있는 목적을 설정하도록 도울 수 있을까? 한 가지 방법은 자신에게 의미 있는 것은 무엇인지 적어보는 것이다. '사랑', '믿음', '소망', '자유', '잘생긴 애인' 등으로 말이다. 그리고는 이렇게 적은 단어들을 전부 포괄하고 있는 구체적인 목표를 정해 보는 것이다. 위의 단어들이 포함되어 있는 목표라고 하면 다음과 같을 수 있다. '나는 내가 사랑하고, 믿을 수 있는 연인과 평일 데이트를 할 수 있고, 상대방에게 선물을 줄 수 있는 경제적·시간적 자유를 가지고 싶다.' 이렇게 하면 자신을 움직이는 개인적 이유들을 구체적인 장면으로 만들 수 있게 된다.

또 한 가지 방법은 널리 알려진 SMART공식을 참고하여 질문을 구성하는 것이다. SMART공식은 효과적인 목표설정을 위한 다섯 가지 기준의 머리글자를 딴 것으로 사용하는 사람마다 어떤 단어의 머리글자를 딴 것인지에 대한 의견은 차이가 있으나 여기서는 내가 가장 적절하고 유용하다고 생각하는 버전을 소개하려고 한다. 구체적Specific, 측정 가능한Measurable, 달성 가능한Achievable, 유관한Relevant, 시간제한 있는Time-bound 이라고 하는 다섯 가지 기준의 머리글자를 따서 SMART이다.

이것을 셀프코칭을 위한 질문으로 바꾸어보면 다음과 같은 형태가 된다.

• 구체적으로 내가 원하는 것은 무엇인가?

- 구체적으로 내가 집중하고자 하는 것은 무엇인가?
- 내가 원하는 것을 이뤘다는 것을 어떻게 알 수 있는가?
- 달성 가능한 범위에서 내가 원하는 것은 무엇인가?
- 나에게 의미 있는 목표는 무엇인가?
- 100일 안에 내가 달성하고 싶은 것은 무엇인가?

상위목표는 나의 최종적, 또는 커다란 비전과 의미, 이유에 집중하고 하위목표에서는 구체성을 위하여 SMART공식을 적용해 보는 것이다. 그렇게 하면 상위목표가 나에게 에너지와 계속해나갈 이유를 제공하고, 구체적 하위목표가 현실에서 그것을 이루는 것을 도와준다. 이러한 두 가지 목표를 한번에 가지는 것을 '이중비전'이라고 이야기한다. 두 개의 목표가 우리 안에 동시에 존재하며 상호보완적으로 작용하는 것이다.

그러면 이러한 이중비전의 성격을 가진 목표설정을 위하여 사용할 수 있는 질문들을 정리해 보겠다.

- 나에게 가치 있는 것, 의미 있는 것들을 단어로 표현하면 어떤 단어들인가?
- 나의 가치단어, 의미단어를 엮어서 하나의 구체적 장면으로 만들면 어떻게 되는가?
- 나의 상위목표를 위해서 이번 달에 세울 하위목표는 무엇인가?

- 하위목표가 달성되면 구체적으로 어떠한 모습일 것인가?
- 하위목표가 달성됨을 어떻게 측정할 수 있는가?
- 하위목표를 달성 가능하게 만들기 위해선 어떻게 조정하면 좋은가?

위와 같은 질문들이 최고의 G단계를 위하여 유용하게 사용될 수 있을 질문들이다.

그로우 저널링의 초기에는 위와 같은 질문들로 자신의 비전을 명확히 하고, 그 비전을 현실화해나가는 과정에서 '이번 분기 내가 집중해야 할 목적은?' 같은 단기적 목표에 집중하여 저널링하는 것을 권한다.

R : 현실에 그라운딩하기

그로우 저널링을 하다 보면 반드시 실패를 마주하게 된다. 작게는 행동계획을 실행하지 못한 것부터, 하다 보니 내가 선택했던 옵션들과 그에 따른 행동들이 전혀 목표를 달성하는 데 도움되지 않았다는 실패도 있을 수 있다. 하지만 이것들이 그냥 실패로, 원하는 것을 달성하는 데 도움이 되지 않았던 시도로만 남기는 것은 너무 아까운 일이다. 왜냐하면 우리는 이것을 배움의 기회로 바꿀 수 있기 때문이다. 그 방법이 바로 실패를 피드백으로 만드는 것이다. 하지만 실패를 그저 아픈 경험에서 유용한 피드백으로 바꾸기 위해선 나름의 기술이 필요하다. 비옥한 땅을 만들고 많은 작물을 얻기 위해서 마치 가축의 분뇨를 비료로 바꾸는 것처럼 말이다.

실패를 피드백하기 위해서 우리는 질문을 던져야 한다.

'이 경험으로 무엇을 배웠나?' 이것은 마법의 질문이다. 거의 모든 안 좋은 상황과 결과를 놀랍게도 귀중한 경험으로 바꿀 수 있다. 체중 감량을 위해 다이어트를 하던 와중에 폭식을 하고 체중이 불었다. 실패이다. 어떤 사람은 그 실패가 자신을 제압하게 내버려둔다. 여태까지 한 노력을 백지장으로 돌리고 안 좋은 식습관으로 되돌아가 다이어트를 시작하기 전만 못하게 된다. 어떤 사람은 마법의 질문을 던진다. 폭식하고, 정신이 든 다음 이렇게 묻는다.

'내가 다이어트를 하다가 허기를 못 참고 폭식을 해서 3킬로그램이 늘었다. 나는 이 경험으로 무엇을 배웠나?'

체중을 빠르게 빼려는 욕심에 영양섭취를 제대로 안하면 폭식으로 이어지게 되므로 적절한 식단조절을 해야 한다는 교훈을 얻었을 수 있다. 또 폭식하게 된 이유가 엄청난 스트레스 때문이었기에 스트레스를 조절하는 것이 체중 조절과도 연관이 된다는 사실도 알게 됐을 수 있다. 평소에 행동을 좀 더 의식적으로 조절해야 한다는 것 등 아주 많은 것을 배우는 기회다. 이러한 실패는 오히려 최종적인 목표에 다가가는 지름길이 될 수도 있다.

R단계에서 우리는 이러한 질문을 스스로에게 던질 수 있다.

• 정확히 무슨 일이 일어나고 있는가?

- 숫자로 표현하면 나의 현실은 어떠한가?
- 어떤 실패를 했고, 거기서 무엇을 배웠는가?
- 어떤 상황이 있었고, 거기서 무엇을 배웠는가?

이렇게 나의 현실은 어떠한지, 또 지난 실행계획 이후 자신의 현실이 어떤 변화를 이루었는지 정확하게 나타내고, 거기서 무엇을 배웠는가 질문을 던져보는 것이다.

O : 그럼에도 불구하고

목적성을 세우고, 현실을 정확히 인식했다면 이제 무엇을 할 수 있을까에 대해서 생각해 볼 차례이다. 셀프코칭의 과정이란 쉽게 말하면 내가 목적으로 하는 골과 나의 현재 상태 사이의 공간, 갭gap을 줄여나가는 과정이다. 이 갭을 한 걸음이라도 줄이기 위해서 내가 할 수 있는 것은 무엇일까를 자신에게 묻고 답을 적는 것이 O단계에서 해야 할 일이다.

O단계는 재미난 심리적 효과가 있다. 그것은 자신이 할 수 있는 일을 찾게 됨으로서 세상과 나의 관계를 재정립한다는 것이다. 자기계발적인 관점에서 한 사람이 가질 수 있는 최악의 심리적 태도는 일방적이고 순수한 피해자의 위치에 있는 것이다. 세상이 너무 강력하고 너무 사악하여 내가 겪는 고통에 대해서 나는 어떠한 책임도, 어떠한 대

책도 없다는 식의 태도이다. 문장으로 표현하면 '상황이 안 좋다. 그러니까 난 아무것도 할 수 없다'이다. 이러한 상태에서는 할 수 있는 것과 해낼 수 있게 하는 생각과 에너지를 스스로 분리시켜 버린다.

일방적이고, 순수한 피해자라는 심리적 위치는 특정한 심리적, 생리적 상태를 불러일으키고, 그러한 상태는 우리가 하게 되는 생각과 느끼는 것, 우리의 행동적인 요소에도 크게 영향을 미친다. 하지만 O단계의 질문을 스스로에게 묻고 그것을 자신의 손으로 적어 보는 행위는 우리를 무력한 희생자가 아닌 적극적 행동자, 주도적 위치에 있게 한다. 왜냐하면 내가 무언가를 할 수 있고, 그것이 하나가 아닌 여러 가지이고, 자신이 그것 중 하나를 선택해서 할 수 있음을 명확한 언어로, 지워지지 않는 글의 형태로 기록하였기에 거기에 우리의 심리적, 생리적 상태도 반응을 하는 것이다.

그리고 우린 O단계로 '이제 무엇을 할 수 있는가?'의 이야기를 해야 한다만 그전에 우리는 G단계를 거쳐 왔다는 것을 전제하고 이야기를 할 것이다. 왜냐하면 목적성 없이 행동을 위한 대안이나, 선택지를 만들 수가 없기 때문이다. 우선 위 상황의 목적성은 가족들이 화목하고 풍요롭게 살면서, 내 꿈을 좇는다고 가정을 하고, 그것이 전제되어 있다는 상황에서 이야기를 해본다.

자신이 원하는 것을 이루기 위해서 어떤 행동을 취해야 할지 선택지를 만들어내는 단계에서 유념해야 할 것은 크고 효과적인 선택지만이 좋은 선택지가 아니라는 것이다. 상황을 한 번에 바꾸어버릴 수 있는 신의 한 수만이 좋은 선택지라고 생각하는 것은 아무것도 할 수 없는 상태에 들어가는 지름길이다. O단계에서 자신에게 해 볼 수 있는 질문은 이것이다. '내 목표를 향해서 한 걸음 가기 위해서 할 수 있는 것은 무엇인가?'

　비단 신의 한 수에 집착하는 것뿐 아니라 우리는 갖가지 집착과 나도 모르는 무의식적 자기 제한에 쌓인 채로 행동을 위한 선택지를 생각한다. 또 하나 우리가 자주 가지는 자기제한은 다른 사람의 기분을 상하게 할 가능성이 있다면 우리에게 허용하지 않는다는 것이다. 자신에게 질문을 던질 때 '내가 회사생활을 좀 더 즐겁게 하기 위해서 할 수 있는 것은 무엇이 있을까?'라고 질문하는 것과 '다른 사람들의 시선과 기분을 책임지지 않아도 된다면, 내가 회사생활을 좀 더 즐겁게 하기 위해서 할 수 있는 것이 무엇이 있을까?'라고 질문하는 것의 차이는 엄청나다.

　왜냐하면 후자의 질문은 우리가 습관적으로 행하고 있는 자기제한의 틀을 벗어나서까지 자신을 위한 유용한 선택지를 찾을 수 있게 해주기 때문이다. 물론 여러 종류의 자기제한은 유용하기 때문에 우리가 계속해서 행하고 있는 것이다. 너무 다른 사람의 시선과 기분을 신경 쓰지 않으면 사회생활에 문제가 생긴다. 하지만 우리의 자기제한은 그 정도가 좀 심한 경우가 많다. 분명하게 문제가 되는 정도의 행동을 제한하는 게 아니라, 문제가 될 수 있는 여지가 조금이라도 있는 행동은 모조리 제한해버리는 경우가 많다. 그리고 그 여지라는 것은 굉장히 주관적이고, 상대적인 개념인지라 일반적으로는 문제가 없지만, 개인적으로는 문제가 있다고 여기고 제한을 하는 경우도 많다.

사회적 시선뿐 아니라 자기 자신에 대한 그릇된 신념에 의해서 자기 제한이 생기는 경우도 있다. 의외로 많은 사람들이 자신의 학습능력이나, 의사소통 능력에 대해서 낮은 자신감, 좀 더 정확한 용어로 말하면 낮은 자기효능감을 가지고 있고, 그 신념을 바탕으로 미래를 계획한다. 예를 들면 이런 식이다. 나의 클라이언트 중 하나는 많은 사람에게 존중받는 삶을 살고 싶어 했다. 그러기 위해선 뭐가 필요하냐고 그에게 물었더니, 많은 독서와 경험을 통해서 교양과 지식을 쌓는 것이라고 답했다. 그리고 나는 그러면 그걸 위해서 할 수 있는 가장 효과적인 방법은 무엇이냐고 물었고, 그는 이렇게 답했다.

"다른 사람들한테는 여러 가지 있겠지만 그 방법들이 다 제가 안해 본 거라, 지금은 할 수 있는 게 없어요."

이 사람은 '내가 해 보지 않은 것은 할 수 없다'라는 신념을 가지고 질문에 답을 한 것이다. 그래서 나는 그 부분을 의식시켜주었다. 이런 식으로 말이다.

'나랑 코칭을 전에 해 본 적이 없는데, 어떻게 시작하셨어요?'

그러자 그는 '저한테 필요한 일인 거 같아서 아무 생각 없이 시작했는데…. 아. 그렇네요. 어떻게든 되겠네요'라고 대답하고 자기제한에서 벗어나서 자신이 교양과 지식을 쌓을 수 있는 방법들을 술술 쏟아내기 시작했다.

자기제한은 우리가 살아남는 데는 유용하지만 발전하는 데 있어서는 그렇게 유용하지 않다. 인류는 너무 거칠고 위험한 곳에서 살아남아 왔기에 생존을 위한 심리적 방어장치를 너무 강력하게 발달시켰다. 물론 그 덕에 우리는 정말 안전한 세상에서 살고 있다. 문제는 이 안전한 세상에서 원하는 삶을 얻는데, 위험한 세상에서 생존을 위한 방어장치로 쓰이던 것을 계속 쓰면 너무 비효율적이란 것이다.

O의 단계에서 다음과 같은 질문을 자신에게 던져 볼 수 있다.

- 현재 상황에서 목표를 향해 한발 나아가기 위해서 할 수 있는 것은?
- 여태까지 안해 본 것 중에 내가 할 수 있는 것은?
- 내 목표를 이뤄 낸 10년 후의 나에게 물어보면 무엇을 하라고 말할까?

W : 행동을 위한 의지와 계획

정말 중요하고, 많은 사람들이 실패하는 부분에 도달했다. 바로 행동을 일으키는 것이다. 많은 사람들이 변하지 않는 이유가 바로 이 단계를 돌파하지 못하기 때문이다. 마음은 먹었는데 행동하지 않는 사람은 많아도, 마음 안 먹고 그냥 행동을 마구 하는 사람들은 별로 없다. 왜냐하면 사실 행동은 일종의 분기점이기 때문이다. 우리가 아무리 머릿속으로 여러 계획과 아이디어를 내도 현실에 크게 영향을 미치지 않는다. 이것은 문제이지만 동시에 엄청난 혜택이다. 행동에 대한 리스크 없이 아이디어를 생각하는 것만으로도 기분이 좋아지기 때문이다. 하지만 실제 삶을 변화시키기 위해선 변화에 대한 두려움을 극복하고 행동해야만 한다.

우리가 가지고 있는 새로운 행동에 대한 막연한 두려움 외에도 우리가 긍정적 행동을 실패하는 원인은 너무 어렵고, 보조를 못 받고, 재미없게 하려고 해서 그렇다. 예를 들어 체중감량을 위해서 조깅을 시작한다고 해 보자. 실패하는 사람들은 대개 이렇게 행동을 시작한다. 내일부터 매일 하루에 1시간씩 일찍 일어나서 동네를 40분 동안 뛰는 것을 매일 한다. 평생 달리기를 하지 않은 사람인 나 같은 사람은 절대로 못한다. 누가 한 번 할 때마다 50만 원씩 준다면야 어거지로 하겠다만 그걸 누가 줄까.

우리는 새로운 행동을 쉽게 해야 한다. 행동계획의 단계는 우리가 일주일간 할 것을 정하는 것이지, 목표달성을 위해 반드시 결정적인 행동을 하지 않아도 좋다. 그런고로 아주 쉽게, 되도록 환경과 주변인의 도움을 받을 수 있게, 재밌게 하는 것이 좋다. '아침에 일어나서 신발을 신고 10분 정도 산책을 해 보고, 더 할 수 있으면 한다. 매일 안 가본 곳을 가본다' 정도가 좋다. 동네 마실로 시작하는 것이다. 그러면 이번 일주일의 동네 마실이 다음 주의 속보를 위한 기반이 되고, 그 다음 일주일은 조깅을 위한 기반이 된다.

셀프코칭은 어떻게 보면 자신의 삶이라는 주제를 가지고, 가설을 세우고 실험해 보는 연구의 과정이기도 하다. 내가 원하는 것을 정하고, 현재 상황을 정리한 후, 이러한 방법을 적용하면 내가 원하는 결과를 얻을 수 있을 것이라는 희망과 함께 우리는 그것을 실제로 행해 보고, 결과를 얻는다. 우리가 실험을 할 때 가져야할 태도는 '어떤 일이 일어나는지 볼까'하는 호기심이다. 호기심을 가지고 접근하면 여러 가지 장점이 있다.

우선 실패에 대한 부담에서 벗어나게 된다. 우리의 마음은 실패에 대한 부담이 커지면 그 리스크를 짊어지느니, 시작을 안해버리게 된다. 우리는 실패를 피해야 하고, 잘못을 저질러서는 안 된다는 생각에 매여있다. 하지만 실패와 착오 없이 성장이 일어나는 것은 불가능하다. 우리는 적극적으로 시행착오를 겪으며, 나의 여정에 대한 데이터를 수집해야 한다.

W단계에서 할 수 있는 질문은 다음과 같다.

- 이번 주에 쉽게 할 수 있는 구체적 행동은 무엇일까?
- 이번 주에 어떤 실험을 해 볼 수 있을까?
- 이번 주의 행동계획을 책임지기 위해서 무엇이 필요할까?
- 이번 주에 매일 실행할 수 있는 효과적인 행동은 무엇인가?

우리는 분명한 목적성 없이는 여정이 아닌 방황을 하게 되고, 정확한 현실인식 없이는 헛된 노력과 망상을 하게 된다. 만약 선택할 수 있는 선택지, 옵션이 없다면 우리는 무엇도 할 수 없을 것이고, 행동에 의지가 없다면 우리는 생각만 하다가 끝나게 될 것이다.

지금부터 설명하는 네 가지 기둥이 되는 요소를 보고 나는 어떤 부분을 잘하고, 어떤 부분을 못하는지 생각하는 시간을 가져보는 것은 어떨까? 앞으로 저널링을 해나가면서 어떤 부분에 집중해야 할지 감을 잡기 쉬울 수 있다. 효과적인 그로우 저널링을 위해선 주기적으로 (나는 일주일에 한 번은 최소한으로 저널링 하는 것을 권한다) 자신에게 네 가지 기둥에 해당하는 질문을 던지고 그에 따른 답을 저널에 기록하고, 그것을 실행하고 다음 저널링에서 어떤 결과를 보았는지 참고해 다시 셀프코칭하고 저널링을 하는 것을 계속해나가야 한다.

예시를 보여드리겠다.

G : 우선 자신에게 목표에 대한 질문을 던진다.

- 나의 목표는 무엇인가?
- 내가 집중하고자 하는 변화는 무엇인가?

   답 : 나는 셀프코칭 저널링 시스템으로 삶의 긍정적 변화를 이룬 사
   람이 적어도 만 명이 되도록 만들고 싶다.

R : 이렇게 자신의 목표에 대해서 질문하고 답을 얻었다면 그다음은
   현실에 대한 질문을 던지게 된다.

- 내 목표에 비교해 나의 현실은 어떠한가?
- 내가 이미 이룬 것은 무엇이고, 부족한 것은 무엇인가?

   답 : 내 가까운 지인과 나 정도가 아니면 거의 모든 사람이 셀프코
   칭 저널링의 개념조차 생소해 한다. 적절한 가이드를 제시하지
   못했다. 하지만 유튜브를 비롯한 나의 플랫폼과 내 브랜드가 사
   람들에게 비교적 쉽게 가치 있는 정보를 줄 수 있는 기반을 어
   느 정도 주고 있다. 하지만 만 명이 아니라 열 명도 셀프코칭 저
   널링을 하지 않고 있다.

O : 목표가 달성된 상태와는 거리가 먼 현실을 확인하였다면 이제
   목표달성과의 거리가 좁혀질 수 있는 행동과 전략에 대한 아이
   디어들에 관하여 물어볼 생각이다.

- 목표를 향해 한 걸음 나아갈 수 있는 방법은 무엇이 있는가?
- 나에게 필요한 행동과 전략은 무엇인가?
- 효과적으로 현재 상태를 돌파하기 위해 난 무엇을 할 수 있는가?

답 : 1. 글을 통해서 알기 쉽게 그로우 저널링의 프로세스를 전달한다.

2. 관련된 유튜브 영상을 만든다.

3. 프로세스를 세련화 하기 위해서 저널링과 코칭 관련 리서치를 더 진행한다

위와 같이 내가 선택할 수 있는 옵션을 세 가지 정도 적어본다. 다섯 개를 적어도 되고, 스물아홉 개를 적어도 된다. 하지만 일단 세 개로 시작하는 것을 추천한다. 브레인스토밍하느라 진을 다 빼는 것은 우리가 바라는 것이 아니기 때문이다.

W : 그럼 이제 마지막 행동의지를 묻고 답할 차례이다. 다음과 같은 질문들이 효과적이다.

• 이번 주 안에 취할 수 있는 행동은 무엇인가?

• 내가 택한 행동계획을 실행하고 책임지기 쉽게 하기 위해 무엇을 할 수 있는가?

답 : 이번 주에 하나 더 그로우 저널링에 관한 글을 적어서, 그로우 저널링 커뮤니티에 올린다. 이 글을 공개적으로 게시판에 올리니 뱉은 말이 있는데 그래도 해야지라는 심리로 실행할 가능성이 높아질 것으로 기대가 된다.

이렇게 이번 주의 네 가지 질문과 답을 통해서 셀프코칭을 하고, 이것을 게시판 또는 개인적 저널에 적음으로서 저널링이 완성된다.

신상규
신은이
신장근
심수창
안서희
안성범
안예린
안호준
엄세빈
오제노
우나영
원애
원종욱
유나니
유대호
유동균
유명재
(iamalyac_
youfca@gmail.
com)
유형석
윤상아
윤선아
윤종준
윤지영
윤진수
이경호
이도영
이동엽
이문희
이미영

이미현
이민선
이민형
이범희
이병남
이병주
이병호
이석원
이선민
이세라
이소영
이수경
이승민
이승우
이승원(금산)
이승원(광명)
이신
이윤지
이재형
이정연
이정인
이정현
이제원
이진경
이진혁
이창민
이한별
이혁주
이현혜
이혜민

이혜영
이호원
임성숙
임수순
임예진(고양)
임예진(서울)
임재원
임주영
임지영
임태훈
장광영
장다혜
장용준
장준호
장채은
전민찬
전소윤
전혜린
정다영
정병철
정식한
정예원
정윤
조금식
조서인
조선정
조성오
조영권
조윤효
조지원

조한결
최성임
최수진
최승현
최윤석
최율
최준호
최지호
테미스
표가영
표희준
한수영
한아녕
한종현
한준서
함진아
허준영
허지연
현정은
현희경
홍동희
황재학
황태현
Dakota
Kim Hyun Jeong
SHIN EUNG

내 안의 마음습관 길들이기

- 바톤 골드스미스 지음 | 김동규 옮김
- 인문 / 심리 / 자기계발
- 신국판
- 정가 13,800원

미국을 대표하는 심리치료사 바톤 골드스미스 박사가 자 신감이 부족한 이들을 위한 조언을 들려준다. 당장이라도 실 천할 수 있는 실용적인 내용들이다.

리퀴드 리더십

- 브래드 스졸로제 지음 | 이주만 옮김
- 경영·경제 / 리더십
- 신국판
- 정가 15,500원

버르장머리 없는 Y세대와 잔소리꾼 베이비부머가 함께 어울리는 법이 담겼다. 단순히 리더십에 국한된 내용이 아 니다. 경영 패러다임에 대한 혁신을 말한다.

행운을 잡는 8가지 기술

- 소어 뮬러, 레인 베커 지음 | 김고명 옮김
- 경영·경제 / 리더십
- 신국판
- 정가 15,000원

뉴욕타임스 베스트셀러인 이 책은 운이 쉽게 따를 수 있 는 환경부터 기회가 올 때 이를 잡을 수 있는 전략 등을 전 반적으로 다룬다. 이른바 '계획적 세렌디피티' 가 어떻게 가 능한지를 각종 사례와 이야기로 설명한다.

병법에서 비즈니스 전략을 읽다

- 후쿠다 고이치 지음 | 한양번역연구회 옮김
- 고전 / 자기계발
- 신국판
- 정가 15,000원

선진시대부터 청나라까지의 모든 병법서를 연구했다. 단 순히 책을 관통하는 법칙을 찾아내는 것이 아닌 현실에 응 용할 수 있는 내용이 담겨 있다.

마음을 흔드는 한 문장

- 라이오넬 살렘 지음 |
  네이슨 드보아, 이은경
  옮김
- 경영·경제 / 마케팅
- 신국판
- 정가 20,000원

2200개 이상의 광고 카피를 분석하면서 글로벌 기업들 의 최신 슬로건을 정리했다. 탄생하기까지의 과정과 왜 그 것이 명작인지 이유를 설명한다.

량원건과 싼이그룹 이야기

- 허젼린 지음 | 정호운 옮김
- 경제 / 경영
- 신국판
- 정가 14,500원

중국 최고의 중공업기업 '싼이그룹'과 ' 량원건 회장'에 대한 이야기다. 허름한 용접공장에서 시작된 싼이그룹이 어떻게 중국 최고의 기업이 되었는지를 분석했다.

돈, 피, 혁명

- 조지 쿠퍼 지음 | PLS
  번역 옮김 | 송경모 감수
- 경제학 / 교양 과학
- 신국판
- 정가 15,000원

과학과 경제학 상식이 융합된 독특한 책이다. 전반적으 로 혼란했던 과학혁명 직전의 시기를 예로 들어 경제학에 도 혁명이 임박했음을 이야기한다. 더불어 최근의 글로벌 경제 위기를 타개하기 위한 아이디어도 제시했다.

희망을 뜨개하는 남자

- 조성진 지음
- 자기계발 / 경제·경영
- 신국판
- 정가 14,000원

공병호, 김미경, 최희수 등 자기계발 분야 권위자들이 추 천하는 감동 휴먼스토리이자 특별한 성공 노하우가 담긴 자기계발서다. 거창한 성공담이 아닌 가진 것 없던 보통 사 람의 경험이 글에 녹아 있다.

져도 이기는 비즈니스 골프

- 김범진 지음
- 비즈니스 / 자기계발
- 국판
- 정가 13,500원

이 책은 일반 골프와는 또 다른 비즈니스 골프에 대해 이야기한다. 비즈니스 세계의 갑과 을의 위치에서 골프를 경험한 저자의 여러 사례가 녹아 있다. 이 책은 매너 골프를 즐기고자 하는 이들에게 충실한 가이드가 될 것이다.

임원보다는 부장을 꿈꿔라

- 김남정 지음
- 자기계발 / 직장생활
- 신국판 · 정가 14,000원

대한민국에서 가장 치열한 분위기의 직장이라 할 수 있는 삼성전자에서 30년을 근속한 저자가 사회생활의 요령에 대해 논하는 책이다. 직장에서 인간관계는 승진과 앞으로의 직장생활을 좌우할 만큼 중요하다는 주장이다.

왜 세계는 인도네시아에 주목하는가

- 방정환 지음
- 비즈니스 / 경영
- 신국판
- 정가 14,000원

언론인 출신 비즈니스맨인 저자가 직접 인도네시아에서 발로 뛰며 얻은 생생한 정보와 이야기를 담았다. 인도네시아의 경제, 문화, 사회 전반에 대해 알기 쉽게 다루어서 변화의 중심에 있는 인도네시아를 한눈에 보여준다.

시니어 마케팅의 힘

- 전우정, 문용원, 최정환 지음
- 마케팅 / 경영
- 신국판
- 정가 14,000원

기존의 시니어 마케팅을 분석하고 요즘 트렌드에 발맞춰 새로운 마케팅 전략을 제시한 책이다. 마케팅 전문가 3인의 명쾌한 설명을 통해 시니어 마켓의 전망과 대책을 쉽게 파악할 수 있다.

망할 때 깨닫는 것들

- 유주현 지음
- 경제경영 / 창업
- 국판
- 정가 13,500원

사업 실패 경험이 있는 저자가 알려주는 '창업 정글에서 살아남는 법'에 관한 이야기다. 창업자, 창업 준비자들에게 삭막한 현실을 독설 형태로 풀어 썼다. 현재 실적보다 미래 생존이 중요하다는 뼈아픈 조언이 담겼다.

마음 습관이 운명이다

- 미즈노 남보쿠 지음 | 화성네트웍스 옮김 | 안준범 감수
- 자기계발 / 처세
- 국판
- 정가 14,000원

관상학의 대가, 미즈노 남보쿠는 사람의 운명이 음식에 달렸다고 말한다. 음식에 대한 절제를 최우선으로 하여 이 를 잘 다스린다면 인생을 바꿀 수 있다는 주장이다. 자제력의 힘을 통해 성공의 비법을 풀어냈다.

회사 살리는 마케팅

- 김새암, 김미예 지음
- 경제경영 / 마케팅
- 4·6판
- 정가 13,800원

스토리텔링 형식으로 마케팅 이야기를 풀어나가면서 마 케팅의 현장을 생생하게 보여준다. 조직의 어떤 부분이 바 뀌고, 어떻게 움직여야 성공적인 마케팅으로 이끌 수 있는 지 저자들의 살아있는 제안이 눈길을 끈다.

내 표정이 그렇게 안 좋은가요?

- 허윤숙 지음
- 자기계발 / 인간관계
- 국판
- 정가 13,800원

저자는 조급한 삶을 살던 것에서 벗어나 내 안의 행복감을 높이는 방법들에 대해 말하고 있다. 나 자신에 대한 느 낌과 표정을 효율적으로 관리해 보다 당당한 삶을 살고 싶 은 이들에게 도움이 될 만한 내용을 담았다.